妈妈不焦虑 孩子更独立

"共情"比讲道理更管用

于珈懿 著

电子工业出版社
Publishing House of Electronics Industry
北京·BEIJING

内容简介

近几年来,有关青少年情绪失控方面的负面新闻频繁出现。人们开始质疑:"现在的孩子怎么了?"真的是我们的孩子有问题吗?在我看来,孩子是没有任何问题的,真正有问题的是父母与孩子之间的连接方式。

从孩子出生到长大,妈妈承担着更重要的责任。可为什么有的妈妈在面对孩子的问题时越来越焦虑?为什么有的妈妈根本走不进孩子的内心?为什么亲子关系变得越来越不和谐?因为我们没有站在孩子的角度看问题,没有与孩子形成同频共振,而共情则可以更好地促使亲子间形成同频共振。

智慧的妈妈一定要掌握共情能力,只有这样才能打开孩子的心扉,才能成为孩子的好朋友。全书通过举例子、讲故事来解读妈妈和孩子间的关系,以及妈妈如何认可孩子的情绪,如何更好地接纳孩子,旨在帮助更多的妈妈摆脱焦虑,帮助更多的孩子建立安全感,帮助妈妈与孩子建立更为亲密的亲子关系。

未经许可,不得以任何方式复制或抄袭本书的部分或全部内容。
版权所有,侵权必究。

图书在版编目(CIP)数据

妈妈不焦虑 孩子更独立:"共情"比讲道理更管用 / 于珈懿著. —北京:电子工业出版社,2021.1
ISBN 978-7-121-39758-5

Ⅰ.①妈… Ⅱ.①于… Ⅲ.①家庭教育 Ⅳ.①G78

中国版本图书馆 CIP 数据核字(2020)第 194065 号

责任编辑:张 昭
特约编辑:田学清
印 刷:涿州市京南印刷厂
装 订:涿州市京南印刷厂
出版发行:电子工业出版社
     北京市海淀区万寿路 173 信箱 邮编 100036
开 本:720×1000 1/16 印张:15.75 字数:214 千字
版 次:2021 年 1 月第 1 版
印 次:2021 年 1 月第 1 次印刷
定 价:58.00 元

凡所购买电子工业出版社图书有缺损问题,请向购买书店调换。若书店售缺,请与本社发行部联系,联系及邮购电话:(010)88254888,88258888。
质量投诉请发邮件至 zlts@phei.com.cn,盗版侵权举报请发邮件至 dbqq@phei.com.cn。
本书咨询联系方式:(010)88254210,influence@phei.com.cn,微信:yingxianglibook

推荐序 1

阅读了珈懿的《妈妈不焦虑，孩子更独立——"共情"比讲道理更管用》书稿，我深深感受到了珈懿创作此书的诚意。书中的许多观点和方法，对我这样一个多年研究教育和人文社会科学的人仍然颇有启发。比如，她在书中表达的"情感养育""与孩子共情，帮助孩子实现自我管理""良好的亲子关系才能培养出出色的孩子""接纳孩子，也接纳自己"等观点，都让我深以为然。而当我得知这些都是她从自己接手的大量案例中抽象概括出来的观点时，我更深深地感受到她做心理研究和家庭教育的用心与用情。这些案例、经验、方法等，既凝聚了她对孩子和家长们的爱心，又对解决家庭教育问题具有重要的指导意义。

我对珈懿是有深刻印象的，当年她在北京师范大学读硕士时，我曾与她讨论过她撰写的毕业论文。在我的印象中，她思维活跃、喜爱钻研，尤其喜欢深入探索儿童心理学方面的知识，这为她日后从事家庭教育研究事业奠定了基础。所以在阅读这本书稿时，我非常感动于她把儿童心理学知识和原理运用到家庭教育问题的解决当中。这才是一个心理教育工作者应该有的样子，我为她骄傲！

家庭教育原本就是一种以情感为依托的教育，它有两个基本点：一个是以孩子为本，尊重和接纳孩子在成长过程中的种种变化；一个是以家长为主体，提升自身的教育修养。从本质上来说，家庭教育就是家长与孩子之间的互动，亲子互动也是一切教育问题的核心。从这一视角来看，我对这本书有一些自己浅显的认识。

一、家长必须与孩子一起成长。在此过程中，应始终贯穿着彼此间的尊重，而不是家长用自己的权威去跟孩子讲道理、控制孩子的思想。因此，家长要对自己在孩子不同的成长阶段中所扮演的角色做出调整，生硬地用一种角色与孩子交流，效果不一定好。

二、实践感悟与理论思考是相通的。"养育本质""积极心态"是家长在教育过程中的方向定位；"情绪管理""精进关系""智慧沟通"所体现的是承认孩子是发展的主体，尊重孩子参与的权利，同时给予孩子自我管理、充分表达的空间；"习惯培养""轻松考试"则是在面对孩子的学习时家长应保持的心态，以及如何科学引导孩子面对自己的学习问题等；"家庭加油站"阐述了原生家庭对孩子的影响。

成功的家庭教育，首先是家长的自我教育。家长心态健康、思想积极、遇事不焦虑，孩子才能从家长身上获得力量，日后也更有勇气面对自己的人生。从这个角度来说，珈懿的这本书恰恰为众多处于迷茫中的家长指明了一条清晰的教育之路。

家庭教育是有规律可循的，"共情"比讲道理更管用；家庭教育有法又无定法，当家长面对自己的孩子时，靠的是自我感悟与灵性的升华——《妈妈不焦虑，孩子更独立——"共情"比讲道理更管用》这本书便是最好的证明。

（朱旭东）

北京师范大学教授 博士生导师

2020.08.18

推荐序 2

从事心理学研究三十余载，我见证了儿童社会性研究在国内外研究领域和社会运用中的巨变。从最初寥寥无几的研究文献，到现今相关领域研究人员和教育工作者数量的日益增加，心理研究界、教育界和家长们对儿童的成长、心理及社会性技能的发展愈发重视，这是一种好现象。

与此同时，越来越多的研究成果表明，在孩子的成长过程中，只关注孩子的智力发育、学习成绩和工具性技能运用已经越来越不具备社会适应性，孩子的心理需求、情绪发展、社会交往、心理品质等对孩子成长的影响逐渐被人们重视。

每个孩子来到世间，都带着天生的好奇心和探索欲。学习和探索本来就是非常自然的事，但常常因为家长的焦虑、担心、过高的期望，让孩子对世界进行探索的动力不得不转移到承接家长的焦虑上来。这样的结果，很容易导致孩子出现各种各样的心理问题、情绪问题，所以我们也非常难过地看到，现在的一些孩子出现了焦虑、抑郁，甚至自杀的倾向，原本无忧无虑的童年也充满了灰暗的尘埃。

孩子的成长，离不开家长的培养和教育，但教育的前提是建立良好的亲子关系，好关系才能养育出好孩子。在孩子的童年时期，家长能和孩子建立良好的关系，对孩子的自我认知、自我评价、情绪管理、价值取向、人际关系，以及未来的人生观、职业观、家庭观等，都会产生深刻而长远的影响。孩子终究要走向社会，在家长的陪伴过程中，他需要获得日后独立面对社会的能量和勇气。

本书的作者于珈懿是我的弟子，在跟我学习的过程中，她表现出出色的独立思考和创新的能力，给我留下了深刻的印象。在近十年的时间里，她投身于心理咨询的实际工作中，有机会与成千上万的家长和孩子打交道，积累了有关儿童家庭教育的大量案例和经验，并创立了"亲子训练营"，帮助更多的家长读懂了自己的孩子，也帮助更多的孩子打开了自己的心扉。

在珈懿的这本书中，给我印象最深的一个词是"共情"。在亲子关系中，谁是关系的主导？孩子是不成熟的主体，他不可能主导亲子关系的走向；家长才是成熟的主体，家庭教育应该朝哪个方向走，是控制还是疏导，是灌输还是启发，是他教还是自教……都取决于家长的态度和理性思考。所以，珈懿在这本书中告诉家长朋友们，在孩子的成长过程中，家长需要真正做到理解孩子、接纳孩子，让孩子感觉到自己被尊重、被认同，这样孩子才更愿意敞开心扉靠近家长，把自己的烦恼、困惑倾诉给家长。同时，家长在真正了解了自己的孩子后，才能找到孩子最需要的教育方法。这样的亲子关系，才是最利于孩子成长的关系。孩子也会在家长的陪伴下，一步步走向独立、美好的明天。

愿珈懿的这本《妈妈不焦虑，孩子更独立——"共情"比讲道理更管用》能启发和帮助更多的家长提升自己的"共情能力"，在与孩子的共同成长过程中收获幸福的人生。

曲伟杰
国内焦点解决短期心理咨询第一人
2020.08.18

自序

大家好，我是于珈懿，我的学员朋友们都喜欢亲切地称呼我"小渔老师"。为了拉近与大家的距离，在本书中，我也会用"小渔老师"这个我非常喜欢的称呼来跟大家交流。

从事教育和心理咨询工作多年，从催眠治疗到曼陀罗读心术解读，从自由绘画到创建亲子训练营，我所做的一切都与家庭教育有着千丝万缕的联系。近几年来，在我接触过的个案中，家庭教育的问题越来越严重，我的内心也因此变得越来越沉重。作为一个教育工作者，我开始不断反思家庭教育的本质究竟是什么，以及正确打开家庭教育的方式又是什么。

1. 家庭教育的现状

从家庭教育的现状来看，大多数家庭的教育都存在一定的缺陷。近几年来，有关青少年情绪失控方面的负面新闻频繁出现。那么，到底是什么原因让这些正值花样年华、人生还没有正式开始的孩子们出现了这样或那样的问题呢？

通过多年接触的无数个案，我得出这样的结论——这些事件背后关联的教育方式大体分为两种：一种是过度高压，孩子有问题了，不是责骂就是打；一种是溺爱，使得孩子对错不分、是非不分。新闻媒体之所以报道这些教育事故，并不是要引起家长的恐慌，而是要引起家长的反思：我们对孩子的教育究竟是在帮助孩子成长，还是在毁掉孩子？

2. 创办亲子训练营的初衷

在一个人从小到大接受的教育中，家庭教育是对其影响最早、最长、最深的教育。父母的每一句话、每一个举动，都会对孩子产生潜移默化的影响。当今教育失败的案例屡见不鲜，虽然不能完全让父母"背锅"，但是在大多数家庭中，家庭教育的缺失和失败是不争的事实。

作为父母，我们应该认识到，孩子身上出现的任何问题都有可能是家庭互动的结果。也就是说，孩子的心理问题可能是父母心理问题的一种映射，孩子的思维和价值观模式可能是父母的思维和价值观模式叠加的结果。

我创办亲子训练营，正是源于大量成年人个案的累积。这些个案中的主人公大多数都是普通的上班族，其中也不乏大学老师、教授等高知群体。在这些个案中，我发现了一个共性问题：这些家长都在用孩子来解决自己本身的问题。在这个过程中，孩子不知不觉地把父母的这些问题都"继承"了下来，演变成了自己的问题。我不想看到这种负面的循环继续发生，不想让家长再把自己的孩子当成治愈童年创伤的工具，于是我决定创办亲子训练营。

之后，我在亲子训练营中又吸收了大量的案例，随后便产生了一个新的想法，就是把这些内容通过图书的形式呈现出来，这样可以让更多的人看到，让更多的家长从中获取更深刻的认识，于是便有了《妈妈不焦虑，孩子更独立——"共情"比讲道理更管用》这本书。从小的角度来说，我想帮助更多的家长和孩子，帮助他们发现自己本来就具有的爱和智慧；从大的角度来说，我想为这个社会做一点儿贡献。

我本身并不是只研究亲子教育的老师，我只是从一个人毕生发展的角度来看问题。在职业生涯中，我接触了很多领域——从心理咨询到催眠治疗，从曼陀罗读心术再到自由绘画。这些经历的熏陶，加之对职业的敏感，让我对家庭教育中的问题越来越重视。如今，我更侧重于通过自由绘画来抚慰孩子受伤的心灵。在利用自由绘画为孩子做个案分析的时候，我让孩子画任何想画的、写任何所想的，只需要跟随着自己的内心，画出或写出他们喜欢的样子，这样我就可以从中得知他们最真实的想法。

3. 所有的教育语言都是清醒式催眠

我在任教的过程中接触了大量的案例，发现大多数有问题的孩子背后都有一个习惯于推卸责任的家长，而且他们推卸的对象正是自己的孩子。他们会责罚孩子，甚至打孩子，认为这都是孩子的错。我记得，有一个读一年级的小女孩，因为上课经常不注意听讲，老师找了她的家长。当时，她爸爸在听老师说了这个情况之后，非常生气，当众就扇了这个女孩一巴掌。对女孩的爸爸来说，可能这只是他教育孩子的一种方式，但是他不了解的是，这件事会对孩子造成多么大的伤害。这件事的阴影或许会跟随这个孩子一生，影响她的学业，影响她的人生观的建立，甚至影响她日后的婚姻和家庭。

或许有人觉得这是危言耸听，但越来越多的事实证明这种情况真实存在。相信大家都听说过心理学中的皮格马利翁效应。皮格马利翁效应是指人们对事情发展的期望将对事情发展的走向产生相应的导向性影响。比如，你期望你的孩子成为一个学业有成的人，那么他就极有可能成为这样的人；反之，如果你总是认为你的孩子将来一定不会成才，那么他就极有可能走向平庸。

很多时候，我们的孩子就像是一架天平，你想让天平往哪边倾斜，你就要往哪边加砝码，而我们的语言就是砝码。所以，你希望孩子成为什么样的人，你就要用什么样的语言去描述他。或许，刚开始这只是一种假象，但是慢慢就有可能变成事实。

以我个人为例，我的父亲是学法律和哲学的，受他的教育和熏陶，我从小就对生命和哲学有了一些自己的思考。父亲总是让我从人生的角度去思考问题，他也从不用责骂或污辱性的语言对我说话。记得小时候，我的房间特别乱，可他从不说我的房间乱，他向所有人的表达都是"我的女儿很爱整洁"。每当这时候，我都会不好意思地笑一笑，然后转身默默地把房间收拾好。久而久之，我真的变成了一个爱整洁的人。所以，我非常感谢我的父亲，因为他对我的期待一直都是正向和积极的，这也从一个侧面成就了今天的我。

但是，在现实生活中，有太多的家长在面对这种情况时都会说："你怎么把房间弄得跟猪窝一样乱？"当孩子听到父母的这些语言时，他的内心可能会迎合父母，真的把自己的房间弄成"猪窝"，而且自己也会彻底变成一个不爱整洁的人。

无论是正向、积极的指导，还是负面、消极的指责，都会让孩子的潜意识被催眠，从而让孩子慢慢成为家长"期待"的那种人。因此，在我看来，所有的教育语言都是一种清醒式催眠，家长们应该用正向、积极的语言让孩子感受到爱，从而让他们愿意改正自身的缺点和错误，向父母期待的方向一步步前进。

4. 影响孩子学业成绩的根源是学业情绪

孩子上课不认真听讲、写作业磨磨蹭蹭、考试经常考得一塌糊涂……相信这是很多家长共同的遭遇。面对这些情况，很多家长的方法不是打就是骂，可是在打骂之后，孩子的情况可能会更糟糕。其实，家长真正要做的是了解孩子出现这些问题的根源：为什么他们上课不能集中注意力？为什么写作业总是拖拖拉拉？为什么一到考试的时候就状态不好？究其原因，是这些孩子学习的那根弦儿断了，而造成这种局面的原因是他们在学习上从来没有获得过安全的陪伴。

或许很多妈妈会提出异议："从小到大，我一直在陪孩子写作业，孩子怎么可能没有获得过陪伴呢？"事实上，很多家长所谓的陪伴恰恰是不安全的陪伴。大家可以回想一下，你在陪孩子写作业时说过的最多的话是什么。"这道题怎么又错了？！""老师讲过多少遍了，你怎么还记不住？！""眼睛离桌子太近了，抬头、抬头！"看到这些，你是不是觉得很熟悉？的确，这就是我们在陪孩子写作业时经常跟孩子说的话。在这种情况下，孩子是很难获得安全感的。久而久之，所有与学习有关的东西都会让他们感到紧张。

一直以来，我认为影响孩子学业成绩的根源是学业情绪。从心理学角度来讲，这属于情绪认知理论。比如，你买彩票中了五百万元，这时孩子踢了你一脚，你只会觉得孩子真淘气、真可爱；如果因为工作失误你被老板罚了五百元，这时孩子踢你一脚，你很可能会勃然大怒。在这两种情况下，你的反应可能会截然不同。情绪会使你对孩子的态度不一样，孩子也会如此。长期积压的学业情绪会让孩子产生"背黑锅效应"。当孩子的情绪无处释放时，他就会让学习和作业"背黑锅"，让学校和老师"背黑锅"，而且孩子很可能会变得更加厌学。

在这种情况下，我们应该如何帮助孩子呢？

比如，当孩子拿回一张考了80分的卷子时，大多数家长拿过卷子可能会说"我看看你都错在哪儿了"或"老师讲过这道题吧，你怎么又错了"。这是一种不了解孩子情绪的做法。这种做法只是一味地质问和怀疑，只会让孩子产生更多的学业情绪。

那么，正确的方式应该是什么呢？当孩子拿回这张考了80分的卷子时，你可以这样说："这次考得不错呀，我来看看你是怎么得到这80分的。"首先要给孩子创造一种自我价值感，帮助他建立自信心，然后再去询问孩子某些题出现错误的原因，帮助他解决问题。

在现实生活中，大部分家长只会对孩子进行生存式教育，动不动就说孩子"你又错了""你不好好学习，以后会一事无成"。久而久之，孩子一旦在学业上遇到问题，就会认为自己真的一无是处，从而产生很深的自卑感。这种生存式教育给孩子灌输了一种思想，就是"学习只是为了生存"。事实上，学习是为了让我们未来生活得更好，让我们的心灵更丰盈，在未来遇到更多的惊喜，这才是孩子在成长和学习过程中最应该拥有的情绪和心理。

对孩子来说，学习不是财富的搬运工，学习是解决问题的思维。如果一个孩子不能建立解决问题的思维，一直活在情绪冲突中，将来是很难有所作为的。

5. 最好的情感养育是共情

正确打开家庭教育的方式是什么呢？记得我曾和我的母亲一起看过一部实验短片：一个妈妈在看电视，由于剧情很感人，妈妈看哭了，坐在一旁的小宝宝看到妈妈哭了，不一会儿自己也哭了。这个实验说明，我们的孩子本身就有很强的共情能力，他们能够感知到妈妈的情绪变化。所以，如果父母经常向孩子传递焦虑和痛苦的情绪，孩子就会深受其害，缺乏安全感，甚至产生各种各样的心理问题。

那么，当孩子产生心理问题或情绪出现问题的时候，家长应该怎么办呢？在我看来，最关键的一步是共情。我在亲子训练营的课程中一直强调，家长一定要对孩子进行情感养育。也就是说，家长要接纳孩子的情绪，这样才能迈出走进孩子内心的第一步。当你从孩子的情绪入手来考虑问题，肯定孩子的想法，让孩子感觉到被尊重、被接纳时，他们就会愿意敞开心扉，与你形成更好的亲子关系。

什么是共情？这是由人本主义心理学的主要代表人物卡尔·兰塞姆·罗杰斯提出的一个心理学名词。通俗地说，共情就是体验他人内心世界的一种能力。为什么现在有的妈妈在面对孩子的问题上越来越焦虑？为什么有的妈妈根本走不进孩子的内心？为什么亲子关系变得越来越不和谐？就是因为她们从没有站在孩子的角度看问题，从没有与孩子形成同频共振。

从心理学上讲，妈妈对孩子产生共情分为两个部分：一是识别、理解孩子的情绪和情感，二是对孩子做出恰当的情绪反应。当你能识别孩子的感受，设身处地地理解孩子的心情，并接纳由此带来的负面情绪时，你的孩子就会感觉到自己被接纳了、被理解了，那么他的负面情绪就会随之消散。

一个聪明的妈妈一定要学会共情，只有这样才能打开孩子的心扉，才能成为孩子的好朋友。在《妈妈不焦虑，孩子更独立——"共情"比讲道理更管用》这本书中，我从情绪管理、精进关系、智慧沟通、习惯培养、轻松考试、情感赋能等多个方面，与妈妈们共同探讨如何去承认和解读孩子的情绪，如何更好地接纳孩子。书中讲述了我在亲子训练营及以往的教育工作中遇到的大量案例，相信在阅读了这些真实、生动的案例，学习了科学、积极的教育方法之后，妈妈们能够远离焦虑的情绪，让孩子获得更多的安全感，从而与孩子建立更为亲密的亲子关系。

本书不仅是一本亲子教育类图书，还是一本帮助成年人不断提高的图书。全书的内容是以孩子为圆心、以家长为半径展开的一个圆。书中的核心理念是通过对孩子的情感养育来解决妈妈们内心的问题，让她们拥有一个再度成长的机会，最终让孩子获得一个更好的原生家庭，获得更好的家庭教育，从而拥有幸福、完整的人生。

目录

推荐序1 / iii

推荐序2 / v

自序 / vii

第1章 | 养育本质：
最好的养育是共情

1.1 你想培养出什么样的孩子 / 002

1.2 通过"爱"为孩子创造奇迹 / 007

1.3 教育需要放松而不是放纵 / 011

1.4 如何给孩子真正的"自由" / 016

1.5 八维管理：受益一生的亲子时间管理法 / 020

第2章 | 积极心态：
成长比成功更有意义

2.1 不叛逆的孩子没有未来 / 026

2.2 你的孩子有"规矩"吗 / 031

2.3 孩子总是"半途而废"怎么办 / 036

2.4　为什么孩子说话不算数　/ 042

2.5　如何改善孩子"输不起"的心态　/ 047

第 3 章 ｜ 情绪管理：
用共情实现孩子的自我情绪管理

3.1　在孩子"发脾气"时我们应该怎么办　/ 054

3.2　如何帮孩子处理"恐惧心"　/ 060

3.3　你的孩子有"安全感"吗　/ 065

3.4　建立"边界感"　/ 070

3.5　人缘不好的孩子怎么办　/ 074

第 4 章 ｜ 精进关系：
好关系养育出好孩子

4.1　做"60 分妈妈",孩子更强大　/ 080

4.2　妈妈会花钱,孩子更有"财商"　/ 085

4.3　"我为你好"就是真爱吗　/ 090

4.4　"队友"不给力,妈妈怎么办　/ 095

4.5　承认和接纳孩子的情绪　/ 100

4.6　这些事家长千万不能做　/ 104

第 5 章 ｜ 智慧沟通：
共情比讲道理更管用

5.1 这样说，处于青春期的孩子不叛逆、更爱听 / 110

5.2 这样做，孩子才愿意真实表达 / 116

5.3 这样唠叨，才能让孩子重获力量 / 122

5.4 这样道歉，孩子会更懂事 / 129

5.5 这样玩手机，孩子才会提高注意力 / 134

第 6 章 ｜ 习惯培养：
教会孩子受用一生的学习习惯

6.1 学习的意义到底是什么 / 140

6.2 让孩子爱上学习有方法 / 145

6.3 这样做，孩子更爱写作业 / 150

6.4 人际关系也能影响学习成绩 / 155

6.5 "金字塔"思维，让开学更"开心" / 160

6.6 快速提升孩子自主学习能力的"341"法则 / 166

第 7 章 ｜ 轻松考试：
心态对了，考试不再是难事儿

7.1 家长如何远离考前焦虑 / 172

7.2 怎样协助孩子轻松备考 / 178

7.3 有效助力孩子的考试 / 184

7.4　引导孩子学会有效复习　/ 190

7.5　艺考生如何在考试中充分发挥　/ 195

第 8 章 ｜ 家庭加油站：
被情感赋能，孩子才会健康成长

8.1　夫妻巧妙相处，孩子未来可期　/ 201

8.2　把老公培养成好爸爸　/ 206

8.3　如何面对"糟心的老公"和"失望的小孩"　/ 211

8.4　家长不成熟，孩子怎么办　/ 215

8.5　收获甜蜜家庭关系的秘诀　/ 219

后记　唤醒孩子的真实感受　/ 224

学员感悟　/ 226

Chapter 1

第 1 章

养育本质：
最好的养育是共情

　　法国著名教育家、思想家卢梭曾经说过，世界上最没用的三种教育方法就是讲道理、发脾气、刻意感动。可是现实中又有众多妈妈在无意之中将这三种方法表现得淋漓尽致，虽然毫无效果。当我从成年人的角度来考虑问题时，我觉得这是对孩子最大的不公平。对孩子来说，最好、最公平的沟通方式就是共情。当妈妈站在孩子的角度来看待孩子的问题时，所有的问题就会迎刃而解。

1.1 你想培养出什么样的孩子

生物学家指出，一只飞蛾在由蛹变成成虫的时候，翅膀是柔软的，是没有力量的。如果飞蛾想破茧而出，就必须要经历一番痛苦的挣扎，才能迫使体液流到翅膀上来，赋予翅膀力量，从而让自己飞起来。

有一个男孩，当他看到飞蛾在破茧过程中的痛苦挣扎时，有些于心不忍，于是他用剪刀在茧上剪开了一个小口，飞蛾在小男孩的帮助下很快就挣扎出来了。可是从茧里出来的飞蛾不管怎么用力，都打不开翅膀，没过多久，飞蛾就死去了。

飞蛾破茧与我们养儿育女的道理是一样的。很多父母都看过这个故事，也能理解其包含的道理，可是我们依旧在做着拔苗助长的事，结果是南辕北辙，在育儿的路上渐行渐远。其实孩子"自我破茧"的过程就是一个主动成长的过程，只有在"自我破茧"过程中接受无数的磨炼，他才能在未来成为一个更加独立的个体，才能做到"飞蛾破茧折磨尽，两翅秀美翩翩舞"。

我在一个亲子训练营中遇到这样一位妈妈，她在教育孩子上很理智，很有耐心，也很聪明。她向我讲了她在管教孩子时的一个故事。

她的儿子是一名小学生，聪明活泼，有一段时间特别不爱早起。于是这位妈妈想了一个自以为是的办法，对儿子说："如果你每天能按时起床，我会定期给你一件礼物。"刚开始几天还有效果，后来妈妈发现孩子越来越被动，且欲求不满。如果哪天妈妈不给礼物，孩子就会再次赖床。

好在这位妈妈并没有放弃，她决定主动放手，不再事事去要求孩子按自己的意愿去做，最后对儿子语重心长地说："宝贝，以后早起是你自己的事情，一年之计在于春，一天之计在于晨，这是你的一天，也是你自己最重要的时光，这是你自己人生的事情，妈妈以后不再为这件事管你了。"

在这位妈妈把权利郑重其事地交还给孩子之后，孩子第一天没有按时起床，妈妈没有管他，结果孩子上学来不及了。孩子这时才急忙吃早餐，找书包，各种慌张。此时的妈妈表现得很平静，只是提醒孩子慢点儿吃，其他指责的话一句也没说。第二天孩子又起来晚了，但比前一天稍稍进步了一点儿，妈妈还是叮嘱孩子慢点儿吃，慢点儿喝。到了第三天，孩子自己就乖乖地早起了，准时去上学。

妈妈不焦虑 孩子更独立
——"共情"比讲道理更管用

我们要郑重其事地让孩子去感受这个社会，当孩子的认知系统与整个社会的一些规则产生冲突时，孩子才会在冲突的促使下主动发展。

很多时候一些妈妈不忍心看到自己的孩子被老师批评，不愿意他们在学校里面吃亏，这其实就是一种变相的剥夺。这种行为剥夺了孩子掌握好习惯、爱上学习、自主成长的能力。

一个妈妈应该理智地"狠下心"来，要让你的孩子接受一些自然的惩罚，要允许他们适当地去体验自己与社会规则之间的矛盾。从哲学角度来看，任何事态的发展都是存在矛盾的，但矛盾双方又是互相促进的，是呈螺旋上升态势的。所以我们每个家长都应该明白，有一种爱叫作"放手"。这种"放手"不是不管他，而是一种积极的管教，我们家长要真正从长远的角度来管教孩子。

每个智慧的家长都应该从人生发展的角度去管理孩子的一生。如果你不能做到这一点，那么你需要问自己三个问题。

1. 在育儿过程中，你认为最重要的事情是什么

养育孩子的过程从来都不是顺利的。在养育孩子的过程中，很多父母总会在不经意间被外界干扰。比如，别人家的孩子报了哪些兴趣班，而自己的孩子没有报；别人家的孩子去了私立学校，而自己家的孩子没有去……这些父母总觉得自己的孩子错失了很多非常重要的成长契机。

这些矛盾一直伴随着孩子的整个成长过程，父母也会因此变得更加烦躁。如果你也是这样，那么从现在开始问一问自己，在育儿过程中，你认为最重要的事情是什么。我个人认为在育儿过程中，与孩子的关系、与孩子有共同话题、与孩子一同探讨人生、让孩子感受到安全和舒适等都是头等重要的事情。

2. 你对孩子未来的期待是什么

在养育孩子时，你的初心是什么？你想养育出什么样的孩子？比如，他的性格是什么样子的？他的人生观和价值观是什么样子的？他的情绪是什么样子的？他的身体健康状况是什么样子的？

3. 你自己的核心价值观是什么

你的核心价值观就是你对这个世界的看法和认识。比如，我对我的学生说："我希望你们能成为有价值观的人，我希望你们能成为自信、有创造力和喜欢自己的人。"如果是大一点儿的孩子，我就会这样说："我希望你们能成为有价值的人。"

家长一定要思考好以上三个问题，并且不要贪多，你只需要把这三个问题想明白就好。

最后，我引用《月童度河》这本书里的一段话，与大家共勉。

"如果你种了一棵树，它长得不好，你不会责备它。你会观察它长得不好的原因。它可能需要肥料，或多些水，或少些阳光。你永远不会责备树,然而你却责备你的孩子。如果我们知道怎么去照顾他,他就会像棵树一样长得很好。责备根本没有用,只需努力去理解。如果你理解了,而且表现出你理解了,你能够爱,情形就会改观。"

1.2 通过"爱"为孩子创造奇迹

心理学家指出,爱是一种能量波,爱可以分为正能量之爱和负能量之爱。正能量之爱能够创造奇迹,而负能量之爱会将所有的奇迹毁于一旦。不管是正能量之爱,还是负能量之爱,都是宇宙间最强大的能量,而我们要学会通过正能量之爱为孩子创造奇迹。

1. 通过正能量之爱为孩子创造奇迹

我认识一位年轻的妈妈,她经常来听我的课,后来我们渐渐熟悉了。在几次聊天过程中,她多次向我大倒苦水。原来这位年轻的妈妈自从结婚以来,婚姻一直不幸福,自己也一直处于不快乐的状态中。经过几次咨询,我终于知道了她不快乐的原因。

原生家庭是这位年轻妈妈内心一直抹不去的阴影。她父母的关系一直不和睦,母亲是一个典型的怨妇,整天当着她的面抱怨她的父亲是一个没有责任心、没有本事、没有能力的男人。在这种无休止的指责之下,她的父亲对这个家庭变得越来越冷淡,她从小到大都没有与父亲相处非常愉快的经历。这种原生家庭带来的负能量影响了她的成长，也影响了她后来的婚姻及生活。一切都让她变得不快乐。

她说母亲年轻时非常爱她。母亲当时为了全家付出了一切，无论是在家里还是在家外，都是一把手。因为父亲做生意欠了很多债务，母亲还要为父亲还债。所以，母亲的生活也过得不幸福，后来母亲就变成了一个地地道道的怨妇。母亲之所以不与父亲离婚，是因为考虑到她的成长。最终的结果却是她长大以后不但没有被这种爱成就，反而被这种爱毁了前半生。这可能是母亲永远没有想到的。

案例中这位母亲对孩子的爱其实是一种负能量之爱，这种负能量之爱是非常可怕的。正能量之爱可以照耀一切，而负能量之爱可以使一切变得黑暗。

2. 正能量之爱一定要顺势而为

以学习为例。如果一个家庭里充满顺势而为的正能量之爱，就会给孩子带来更多的欢喜和快乐，此时孩子的成绩也会自然而然地上升。

我为什么强调正能量之爱要顺势而为呢？因为真正的大爱一定是雪中送炭，而不是锦上添花。当你的孩子向你抱怨一件事情时，你表现出顺水推舟、顺势而为的共情和关爱，就能唤起孩子内心的需求。这是对他生命最大的滋养。

比如，你的孩子在考试之前特别想出去玩，此时他根本学不进去。你可能会为孩子马上进行的考试而感到焦虑，你想通过焦虑来控制孩子。这种做法其实是非常不可取的。如果你对孩子的爱是正能量之爱，这时你应该顺势而为，允许你的孩子出去玩，为你的孩子创造更多快乐的价值。但如果你对孩子的爱是负能量之爱，或者是控制性的、功利性的爱，就不会允许你的孩子出去玩。这只是你的眼前利益，而不是你的孩子的最佳利益。

你要永远相信一点，孩子的所言、所行、所思、所想，都是孩子基于生命的本能选择的对自己最有利的答案，而不是伤害自己的答案。

这就好比一个企业里的两种员工：一种是忠诚但没有能力的员工，另一种是有能力但不忠诚的员工。你会选择哪一种员工？通常人们都会选择那种忠诚但没有能力的员工，因为忠诚是一个人最重要的品质，至于能力我们可以去教他。

其实并不是这样的。在我看来，所谓的忠诚并不是真正的忠诚。在企业当中，真正的忠诚是不存在的，人只忠诚于自己的最佳利益。一个员工之所以愿意留在一家公司里，是因为这是获得最大利益的选择。

同样，对一个孩子来说，他忠诚于自己，做出了一个想出去放松的选择，我们作为父母一定要允许他这样做。如果这个时候你还让他坐在那里学习，他就会"身在曹营心在汉"，这样的学习是没有效率的。这只是你的孩子对学习的一种假忠诚。

所以，当你的孩子最需要你的时候，当他说想休息的时候，当他说自己特别累的时候，你一定要给你的孩子来一场"共情及时雨"，满足孩子当下的需求。只有用这种顺势而为的正能量之爱滋养孩子的生命，他在未来才能成为自己生命的主人，才能为自己的人生创造出更大的价值。

1.3 教育需要放松而不是放纵

有一次一位学员给我留言:"小渔老师,最近我的女儿喜欢看抖音上的短视频,刚开始我忍着不去说她,最后我实在忍不住了,因为她现在不想写作业、不想去上课。我现在非常焦虑,我应该怎么办啊?"

在生活中,其实不只这位妈妈这样,我们周围大多数妈妈看到孩子有一点儿小问题都会特别焦虑。我觉得这是我们在家庭教育过程中的一个小误解。我们强调教育需要放松,对孩子要有承认、要有允许,这是我们解决教育问题的一种方式,而不是说我们真的要放任孩子的行为。

首先,我们要允许和承认孩子,允许孩子有情感流动,承认孩子这种行为模式背后的心理需求。

解决孩子的问题从来都不是只解决表面问题,而是要直接找到现象背后的本质需求。比如,为什么孩子喜欢看抖音上的短视频?为什么孩子不愿意去上课?为什么孩子爱玩游戏?我们有没有想

妈妈不焦虑 孩子更独立
—— "共情"比讲道理更管用

过孩子做这些背后的真实需求是什么？很多时候孩子爱看抖音上的短视频、爱玩游戏等，这些表面现象的背后其实是他们一直在疗伤，疗他们在学习时感到无力的伤，疗他们在学习时没有成就感的伤……

孩子出现这种行为，说明他在学校里的压力在增大，而此时他只是想找一个途径，如看抖音上的短视频、玩游戏等，来宣泄自己的情绪，释放自己的压力。父母要允许孩子有这种情绪上的释放。

其次，了解孩子出现这种行为背后的本质。你要了解孩子现在需要的价值感和成就感。

在你了解孩子的真实需求后，你就与孩子有了共情，这时再去与孩子沟通，就不要再聊手机的问题、还有多少道题没做完的问题了。你需要和孩子聊一聊他心里的感受。比如，孩子最近的作业题是不是越来越难了？最近老师对孩子的管教是不是比较严了？此时孩子的内心就会有一种被理解、被承认、被接纳的感觉。

最后，在了解了孩子的真实需求后，我们需要去帮助孩子解决问题。

很多家长前面做得非常好，但一到解决问题这一步就不会做了。这时所有的抱怨和指责就会涌现出来，前面所有的工作都白做了。那么我们如何做好解决问题这一步呢？

1. 你要基于孩子的本质需求去提问

当你找到孩子行为背后的心理需求时，你必须基于其本质的需求去提问。比如，你可以这样说："宝贝，现在让我们再想一想有没有更简单的方法，然后我们再慢慢去适应，让自己更加有成就感。"

当你这样说的时候，孩子的思维模式就已经开始被引导了，他会意识到自己玩手机背后的真实原因。很多时候孩子玩手机是由潜意识驱使的，当他意识到这背后的真实原因时，他才能够真正做到自律，他才能知道自己的真实需求是什么。这时他就会想："我要满足我的需求，我的需求除了玩手机能满足，还有没有其他的方式可以满足呢？"这样你的孩子就会变成一个非常自觉的孩子。

2. 你要适时给孩子提出合理的建议

假设你的孩子特别爱看抖音上的短视频、特别爱玩游戏，他的学习在一点点地落下，这时你可以要求孩子降低对自己的心理预期，给出这样的建议："宝贝，我们可以试一试降低一些心理预期，别给自己太大压力。比如，英语老师让你们背100个单词，我们可以先背10个单词，怎么简单怎么来。"我们这一步的目标是让孩子动起来，只有在这个过程中他才会逐渐进入状态，才会从内心愿意接受下一个目标。

很多时候孩子对自己的心理预期高，主要源于家长对孩子的心理预期高，孩子才会变得拖延。所以，在这种情况下，你一定要先降低自己对孩子的心理预期，哪怕你的孩子今天只学了10分钟，也要认可他。让孩子先去完成当下简单的事情，只有完成当下简单的事情，孩子才能有更好的未来。所有的每分每秒的未来，都源于每分每秒的当下。

很多妈妈可能会说，别人家的孩子每天都要背几百个英语单词，每天都要学习很长时间，自己家的孩子这样下去不会落得更远吗？大家可能不知道，在这个世界上伤害你孩子最深的往往是你嘴中经常说的"别人家的孩子"。这样的比较往往具有很大的伤害性，它会让你的孩子越来越焦躁，越来越沉迷于网络和游戏。

如果要比较，你要拿孩子当下的状态与他之前的状态做比较。你可以拍拍孩子的头、摸摸他的肩膀，然后微笑着对他说："宝贝，你今天的学习状态看起来比昨天要好多了。"这样的心理暗示会不停地植入孩子的潜意识中，久而久之，会让孩子形成一种下意识的行为。在他接受了这种积极的心理暗示后，内心就种下了一颗强大的种子，他会意识到："我越来越强了，我越来越喜欢学习了，我越来越棒了。"当这种潜意识转化为下意识的行为时，他就会爱上学习。

3. 你最后的肯定描述越细腻越好

哪怕孩子的学习到了最困难的时候，你也要尽量调整自己的状态。你可以这样说："宝贝，我发现手机确实很好玩。与此同时，你在玩完手机之后，还能调整好自己的学习状态，依然能把作业完成。所以我看得出你对学习这件事还是特别在乎的，而且它也是你生命当中最为重要的事情，妈妈为你感到高兴。"

当你不断地用语言对孩子的行为进行描述时，你描述得越细腻，你的感觉传递得越精准，这时孩子对学习的感觉就会越来越好。如果你对孩子的每一种学习状态、每一次进步都有非常详细的"唠叨"，那么你的孩子将有可能被你"唠叨"成一个学霸。

1.4 如何给孩子真正的"自由"

著名社会学家潘光旦先生说过，最好的教育就是给人自由。但很多时候人们对自由存在一个很大的误解，认为给孩子自由就是放任和放纵。孩子也会因为这种自由而变得没有规矩、没有约束、没有节制，导致生活和学习都变得一团糟。这并不是真正的自由。

那么，什么是真正的自由呢？在我看来，真正的自由是一份潇洒，真正的自由是一份自信，真正的自由是一种安全感，真正的自由是一种坦荡！我们如何给孩子真正的自由呢？

1. 在立规矩时要阐述清楚其背后的长远意义

在教育过程中，我们要让孩子理解什么是自由，首先一定要给他立规矩。很多时候父母只想着给孩子立规矩，但没有告诉他立规矩的原因。比如，你让孩子按时睡觉，你让孩子每天刷牙洗脸，其实背后真实的原因是让孩子将来获得健康的自由；你让孩子好好学习，以便将来能拥有一份职业的自由；你让孩子好好学习英语，以便拥有语言沟通的自由，将来能走遍世界。你一定要将长远的意义通过自由的角度非常细致、非常耐心地向孩子解释清楚。

2. 教会孩子区分自由与欲望

有的妈妈可能会这样说:"我的孩子说他现在不自由,他只想玩,不想学习,他只想要这种自由。"这时你要告诉孩子:"宝贝,你说的这些是欲望,不是自由,自由和欲望是有很大区别的。比如,你喜欢吃就一直吃,你喜欢玩就一直玩,这叫作放纵欲望,而不是真正的自由。真正的自由是一种灵活度,比如,司马迁即使被关在牢狱当中,也能坚持写完《史记》,这是因为他的内心拥有一种无法被环境剥夺的自信、从容和自由,以及他对自己梦想的一份执着。"作为家长,我们一定要给孩子真正的自由,而不是给他更长的时间去玩。

3. 自己也要保持灵活的自由度

所谓灵活的自由度,就是在不同的环境当中,你与家人之间、与同事之间、与领导之间保持的一种变通程度。可是有的家长不懂得这种变通。比如,非要与丈夫争一个谁对谁错的结果,非要在工作中表现出一副怨妇心态……所有这些都是不自由的表现。

当你展现出这种不自由的状态时,你的孩子也会感受到不自由,他就会通过满足一些欲望和摆脱不自由的感觉进行资源上的争夺。也就是说,你越不自由,你的生活越不变通,你的孩子也会越不变通。当他遇到问题时,他感受到的只是问题,而不是一个契机，也就永远找不到问题背后的积极意义。

真正的自由能让你看到成长的契机，能让你找到其背后的意义。所有事情的发生都是来成就你的，有这种感觉的人才是真正自由的人。当你用这种方式来处理问题时，不论其他人说了什么，你背后对孩子的表达都要放在对问题的解释和剖析上。这时你积极的解释，才是真正的"唠叨"该用到的地方。只有这样的"唠叨"，才能真正有助于孩子的成长。这样的家长感受到了真正的自由，这样的孩子也感受到了真正的自由。

4. 牢记自由的两个标准

自由有两个标准：一是诚实地去选择；二是在选择之后心安理得。只有做到这两点的人，才能体会到真正的自由。

人生所有的选择都是两难的，你要选择一个就要舍掉另一个。比如，你的孩子想去玩，可你又想让他学习，这个时候怎么办？当你的孩子面临两难的时候，你要让他自己学会选择。在选择面前，你要向孩子说清楚其中的利弊，同时你还要有引导。这个引导是你对孩子的信任，而不是恐吓和威胁。当你能够仰视孩子，并用一种信任的眼光去看待他时，孩子才会感受到你对他的尊重。你要记住一句话，你渴望孩子成为什么样的人，你就以这样的人经常在你面前表现出来的状态去和孩子说话，你这样的状态会让孩子体验到成为这样的人的感觉，他才有可能想成为这样的人。

在你的孩子做完选择之后，你还要让他去体会这个选择是否能让自己心安理得。比如，你的孩子喜欢打游戏，在他打完游戏之后，你可以让他去体会一下打游戏的感觉是否能够让他心安理得。我敢保证大部分孩子最后的感觉都是一份空虚，因为他们被当时的欲望控制住了。

我们每个家长都有这样一个目标：不管是现在还是将来，只要孩子能够做到白天活得淋漓尽致，晚上安然入眠就足够好了。这时你不仅要对孩子讲出这种感觉，还要让他体验到这种美好的感觉。比如，你的孩子学习舞蹈，在刚开始练习的时候肯定会感到各种不舒服。当她在舞台上表演时，你为她录上一小段视频，告诉她她的表现有多美，告诉她这是她的努力被这个世界所看到的感觉。很多时候，我们的孩子通过他人的评价才知道自我评价。

我们如何给孩子真正的自由，如何让孩子体验到真正的自由，以及我们自己如何去变通生活，实现自由，这真的需要心胸、气度。这种心胸、气度就是你看到的一些事情，就是你经历的人生。

如果你站在3楼看一条小溪，那么你看到的小溪将会流向尽头，它是一份干涸、一份终结，如果你站在10楼看一条小溪，那么你看到的小溪将会流入江河湖海。所以在养育孩子的过程中，你一定要有心胸、气度，要有超大的格局，这样才会给孩子提供真正的自由。

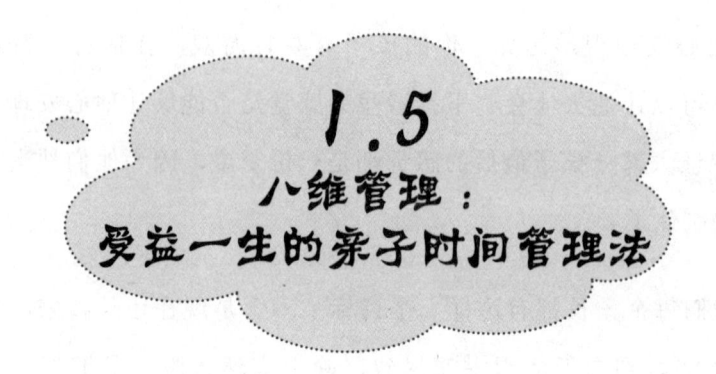

1.5 八维管理：受益一生的亲子时间管理法

在每年的开学季，很多妈妈都来问我："小渔老师，您每天有那么多的事情要做，您是怎么合理地安排时间的？您的精力为什么那么充沛呢？我也想让孩子和自己都有一个良好的时间管理法，您有什么秘诀吗？"其实我们每个人的经历大致都是一样的，从出生到读书，再到后来的工作、退休。为什么每个人取得的成绩不一样呢？最大的原因在于每个人的时间规划不同。

以往人们常用的时间管理法有很多，如艾维·利时间管理法、番茄工作法等，这些时间管理法更适用于成年人。在这里我向大家推荐一种家长和孩子都可以用的时间管理法，即八维时间管理法。我认为，这种方法是让你和你的孩子保持螺旋式发展且持久性最强的时间管理法。这种时间管理法具体分为哪八个维度呢？

1. 事业（或学业）维度

对家长来说，应该从自身做起，做好自我的时间管理。只有这样，你才能真正影响到你的孩子。对孩子来说，可以把事业维度改为学业维度，在学业上做好时间管理，这是孩子的时间管理中最为重要的一部分。

2. 健康维度

在健康维度中，最重要的管理是运动管理。

对孩子来说，多做运动不仅可保证孩子的身心健康，还有利于促进孩子的智力发展。我建议孩子要经常进行有氧运动，如游泳、跳舞、做操、各种球类运动等。每个年龄段的运动强度会有所不同，我们需要听取运动专家的建议。

对家长来说，每天也要进行相应的运动。如果你没有非常严重的心脏疾病或呼吸系统疾病，可以多进行增强心肺功能的有氧运动。

3. 家庭维度

很多时候，家长忙于工作会把家庭维度这个重要的因素忽略掉。正确的做法是每天都要开一个家庭会议，每个家庭成员花15～20分钟进行一个短暂的总结。

无论是爸爸、妈妈还是孩子，我们每个人都要对这个家庭负责任。家庭成员之间的沟通可以有效地避免大妻间的争吵，可以更好地巩固亲子关系。只有家庭和谐幸福了，我们才能更好地服务整个社会。

家庭沟通一定要做到有效沟通，而不是坐在那里闲聊。什么是有效沟通？有效沟通就是当对方说出自己的看法时，你要不予评判地倾听，然后去承认对方的感受。如果你能每天坚持这样的做法，那么你的亲子关系和夫妻关系将会非常地融洽。

4. 理财维度

公司的财务人员每天都要看一下当天的销售业绩，我们的家庭也要这样。爸爸、妈妈要看一下自己每天的收入和支出，孩子也要统计一下自己每天的零花钱收入和支出。只有这样，孩子才能每天在财商上有所积累。

5. 人脉维度

大家有没有发现，现在的孩子爱玩手机、爱玩电脑，其实有一个很重要的原因，那就是手机上面有社交媒体平台。由于在现实生活当中很多家长忽略了孩子的社交人脉圈，孩子就会通过登录各种社交媒体平台的方式进行自我经营。

人是群居类动物，所以孩子也是有社交需求的。当现实生活满足不了他的需求时，他便只能通过虚拟世界来得到满足。但是虚拟世界给予孩子的只是单方位的互动方式，我们在现实生活当中需要的是双方位的互动方式，双方位的互动方式才会对孩子的成长和发展有帮助。这就要求家长先帮助孩子构建人脉圈的基础，这样孩子才会慢慢地融入新的圈子里。

6. 特长维度

你要知道你的孩子有哪些特长，他是爱唱歌，还是爱跳舞，还是爱下围棋？在你了解了孩子的特长后，你就每天抽出一点儿时间去关注他的特长部分。

只有一个人的发展是立体的、多维的，他的自我价值感才是非常稳定的，他才会建立起非常强大的自信心。这时他不会因为一点儿小事情、一点儿小困难，而陷入自我绝望之中。

有人说，一个人的生命质量取决于他的业余生活。一个人的特长就是其生命质量最重要的组成部分之一，所以我们一定要培养孩子的特长，并每天花一点儿时间用在这个特长上。只有这样，你的孩子才能在自信心和生命质量上得到很大的提升和保障。

7. 休闲维度

很多家长认为孩子的休闲就是玩。我们不要小看孩子的休闲，为什么很多孩子会熬夜玩手机、打游戏？其实很重要的原因就是这些孩子没有休闲时间规划。

所以，家长要学会给孩子制订休闲时间规划，让孩子知道自己每天有多长时间在学习、有多长时间在娱乐。此外，每周、每月、每个季度，家庭有什么样的休闲计划，也要让孩子有所了解。只有这样，你的孩子的人生才会张弛有度，你的孩子才能很好地休息、更好地学习！

8. 心灵维度

现在越来越多的家长开始意识到孩子心灵成长的重要性，可是有的家长的做法却很片面。比如，有的妈妈只会给孩子讲一些故事，有的妈妈只会陪孩子参加一些活动。但是我想说的是，最重要的心灵成长一定是灵魂跟上脚步。

这对很多家长来说，是心有余而力不足的，很多事情只是想到了，却做不到。对于这样的家长，我的建议是每天抽出15～20分钟的时间进行静思。只有这样，你的灵魂才能跟上你的脚步，你的所做、所行、所言才能真正符合你的所想。

以上就是我要说的八维时间管理法。只要在这八个维度上均衡发展，你的孩子就会拥有一个健康的人格，你的家庭就是一个健康的家庭，并且在财富上、健康上、情感上会有一个螺旋上升的持久性的发展。

Chapter 2

第 2 章

积极心态：
成长比成功更有意义

一个以往在班级里学习成绩最好的学生，不一定是现在最幸福的。同样，一个以往在班级里学习成绩最差的学生，也不一定是现在生活得最差的。在我看来，决定孩子未来是否有所作为的，并不是他的学习成绩，而是他积极而健康的心态。与此同时，能培养出拥有积极而健康的心态的孩子的父母，也是最智慧、最有爱的父母。智慧和爱可以包容所有不好的心态，智慧和爱可以培养出天使般的孩子！

2.1 不叛逆的孩子没有未来

有一天晚上，一位刚参加亲子训练营的妈妈给我发来微信，微信中这位妈妈的语气显得有些着急。原来最近她的儿子因为学习上的事和她吵了起来，最后这个孩子一气之下夺门而去。后来这个孩子还是回来了。这位妈妈显然被吓得不轻，于是她向我发来微信求助……

这场"离家大战"反映的问题其实是当下社会普遍存在的问题，它的背后隐藏着一个让家长最为头痛、最为纠结的问题——为什么孩子变得这么叛逆了。其实家长不明白的是孩子叛逆是正常的生理现象，表示孩子正在长大。

1. 理性对待孩子的叛逆

很多家长觉得只有青春期的孩子才会出现叛逆，其实我们的孩子在四五岁时就已经出现叛逆了，这个阶段是孩子的第一个叛逆期。一般来说，四岁到五岁之间是孩子形成自我认知的重要阶段，心理学上把这个阶段称为自我意识的觉醒阶段。大家可以观察一下，小孩子在两三岁的时候，总会光着小身子四处跑，还不知道害羞，等他到了四五岁时，如果你当众侮辱、嘲笑他，他就会产生羞耻感，这个时候孩子的自尊心已经变得很强了。

为什么有些四五岁的孩子会骂妈妈、打妈妈？在我看来，其主要原因是妈妈没有给孩子足够的尊重，或者妈妈从来就没有给过孩子共情；还有一种可能是妈妈让孩子体验到了自己在尊严上被羞辱的感觉。所以我的建议是不要强制你的孩子在四五岁时就做乖宝宝，否则等他们到了青春期时就会变得一发不可收拾。

你一定要记住，一个不叛逆的孩子是没有未来的。一个孩子在四五岁的时候，如果还是被家长控制、压抑着自己的情绪，无法进行自然表达，那么他到了青春期就会走向两个极端。

第一个极端：孩子会变得极度退缩。当遇到事情时，他会选择逃避，把自己关起来，不与你交流沟通。之后他所有的情绪都会处于一种压抑的状态，这会严重影响到他日后的人际交往。

第二个极端：孩子会与你形成对抗的关系。无论你说什么他都会与你对着干，这时问题本身的对与错已经变得不重要了，他的对抗其实是对这份权利的争夺。如果你此时强行剥夺他的权利，他就会采取一些极端行为来威胁你。

叛逆是孩子成长过程中的正常现象，是孩子的天性。我曾经给自己写过一条标语，即"觉醒天性，治愈人心"。作为家长，你只有知道天性是什么，才能进一步了解人性。也就是说，无论是幼儿期的叛逆，还是青春期的叛逆，你只有了解孩子的天性，才能从人性的角度唤醒孩子去主动成长。

2. 叛逆是孩子的天性

大自然有大自然的发展规律，春生夏长，秋收冬藏，这是大自然的发展规律。同样，孩子也有孩子的天性。每个家长必须要明白：你的孩子在这个阶段的自然表现是什么？你的孩子表现出的现象是不是正常的？只有先了解了孩子的天性，你才能真正有效地用人性去帮助孩子成长。如果你的天性不觉醒，甚至不了解天性，那么人性永远就会是一个谜，你的孩子也永远是一个谜。

在每个孩子的成长过程中，青春期的叛逆无疑是最令父母头疼的事情。不管是男孩还是女孩，从青春期一开始，他们的身心都像被一股巨大的力量所占据和控制，他们的想法和行为都会产生剧烈的变化。此时的孩子更像是一头刚长了犄角的小牛犊，倔强而叛逆，父母的话对他们来说，根本就是耳旁风。

那么，我们先了解一下这个时期孩子的天性是什么，以及处于青春期的孩子最想要的是什么。在我看来，他们最想要的是权利。这个权利就是作为家长你有没有尊重孩子，你有没有允许孩子去表达自己的感受，孩子到底有没有独立的人格，孩子到底有没有边界。而对处于青春期的男孩和女孩而言，男孩最大的负面情绪是自卑、轻生，女孩最大的负面情绪是缺爱。这时怎么办呢？我给大家提供一种方法，这种方法就是庄子所说的"无用之用"。

什么叫作"无用之用"？很多时候家长想解决孩子当下的问题，但是我想告诉大家，如果你急于想解决孩子当下的问题，那么你恰恰剥夺了孩子修炼的权利，而且你越想控制什么，你就越容易被它所控制。

3. 站在高维度看待孩子的问题

佛家有一句话叫"静能生慧，慧能生智"，也就是说，心静能找到解决问题的方法，这是智慧的来源。这个时候我们可以闭上眼睛，想象自己坐在飞机上，飞机飞到了一万米的高空，然后你在高空中去俯视孩子的这些问题。也就是说，你要站在高维度俯视低维度的问题，你要从一个更长远的视角来解决当下的问题，此时你会发现孩子情绪和行为背后的原因。

我再举一个亲子训练营中的例子，有这样一位妈妈向我反馈："这几天，我发现儿子对他的数学老师很排斥，每当我和他提到数学老师的时候，他都会用生硬的语气反驳我。每次数学老师在微信群里布置的作业，他都会故意少做一些，或干脆不做。数学老师也总是找我谈话，弄得我不知如何是好。他以前不是这样的，现在是怎么了？"

这样的问题会出现在大多数处于青春期的孩子身上。首先你应该把自己放到一个高维空间，然后再去寻找孩子所有情绪和行为背后的原因。你可以用温和的语气来询问孩子。你可以这样说："儿子，我现在非常理解你的情绪和感受。我知道你不喜欢这个数学老师,也不爱上他的课。"你先去陈述他的这种行为,然后表示自己深刻理解他的内心感受,你才有机会找到事情背后的原因。

这时孩子会感受到自己是被允许表达自我的,他感受到了妈妈并没有控制自己的意思,他的边界也得到了很好的保护。与此同时,你愿意去倾听他,也足以证明他是一个拥有独立人格的人。在这种情况下,你与孩子沟通,他就会表达出自己的真实需求。即使孩子现在不愿意表达,他的内心也会有一种想要表达和诉说的欲望,这样他以后在遇到问题时就会更愿意向你表达。

当这个妈妈按我的方法去和孩子交流时,这个孩子虽然没有马上表达出自己的想法,但他不再像以前那样排斥数学老师了,而且完成了所有的数学作业。这其实就是一种进步。

说到这里,其实我想告诉那些家有叛逆孩子的家长,当你的孩子与你有很大的意见冲撞时,大多是因为你在早些时候因为某些问题给孩子的内心造成了创伤,而孩子会通过一些叛逆的行为来表达对你的不满。这其实是孩子的一种自我治愈及认识自我的过程,只有这样他才能真正从过去的伤害当中解脱出来。所以,你要学会接受孩子的叛逆行为,然后按照我提到的方法,走入他的内心,解决当下的问题。

2.2 你的孩子有"规矩"吗

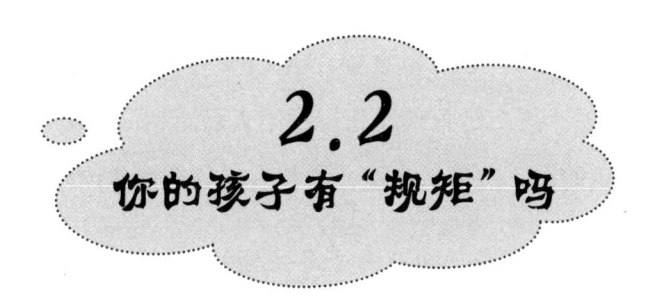

每个妈妈都或多或少会遇到这样一些困惑：孩子看到自己喜欢的玩具得不到手就闹情绪；看完的书随手就扔掉了；吃饭时总是把自己喜欢的菜放到自己这边……很多妈妈总会发出这样的抱怨："我的孩子怎么这么没有规矩？"

俗话说，没有规矩，不成方圆。一个孩子如果没有受到规矩的约束，将来长大了就容易为所欲为，更不懂得判断自己的一言一行究竟是正确的还是错误的。我特别认同这样一句话，即"有规矩的自由叫作活泼，没有规矩的自由叫作放肆"。真正的自由不是言行上的肆意而为，而是在规矩之下的心灵放松。一个生活在规矩之下的孩子，在立足于这个世界时才会既拥有符合自然规则的自由，又拥有自己的安全感。

每个家长都想给自己的孩子立规矩，可是多数家长都半途而废，因为他们没有真正掌握立规矩的精髓。那么，我们应该如何给孩子立好规矩呢？

1. 设立规矩一定要符合自然规律，符合人性发展规律

在给我们的孩子立规矩之前，我们首先要知道什么是规矩。"规"是什么？"规"是自然规律，一个人做事情一定要符合自然规律。所以，我们在给孩子立规矩时，首先要符合自然规律。

很多妈妈急于求成，想让孩子尽快懂规矩。有一次，一位学员向我咨询如何给孩子立规矩，我没有直接回答她，而是反问她之前是如何给孩子立规矩的。

这位学员说："我儿子之前一直玩手机，起初没有管他，后来我发现他每天看的时间越来越长，我就想着给他定一个规矩，让他每天只玩半个小时，可是儿子说什么都不同意。最后，我们两个人争执了半天，也没有结果，而且孩子还不理我了。"

为什么这位学员的规矩立不住？因为这位学员定的规矩不符合孩子的人性发展规律。原来她的孩子每天玩一两个小时的手机，突然让他改到半个小时，这完全超出了孩子的心理承受能力，不符合循序渐进的自然规律，所以她的孩子肯定会有逆反心理，而且她定的规矩也是收不到效果的。

凡事都应顺应自然规律，循序渐进，这样你的孩子才能主动成长。比如，你的孩子原来每天玩一个小时的手机，现在你可以改为50分钟，只减少10分钟，过一周之后，你再把时间改到40分钟，一步一步来，这样才符合自然规律。大自然都有"春生夏长，秋收冬藏"的规律，每株小草破土而出都是需要时间的，更何况一个孩子

的习惯改变呢？

2. 设置的目标要细致化，而且要提前商量好

我以前说过，没有规矩是没有自由的。规矩是为了让孩子获得更好的自由，而自由不是放纵。为什么有的父母会放纵自己的孩子？在我看来，父母这样做是在逃避问题，因为他们不知道如何管教孩子。

你一定要对孩子立规矩，而且你立的规矩一定要合理、有人性，这样你的孩子不仅会变成有规矩的孩子，还会在规矩当中寻找到其内心世界真正的自由。所以在设立规矩时，在符合自然规律的前提下，你设置的目标一定要更人性、更细致，而且要提前和孩子商量好。

就拿陪孩子的问题来说，很多妈妈向我反映自家孩子总是想让妈妈陪着、让妈妈和他一起玩，弄得妈妈没有一点儿个人空间。在一次课上，一位妈妈向我发问："小渔老师，您说让我们多陪孩子玩，可是我们不能无限制地陪孩子玩啊！我还想去逛街，还想去学习……这怎么办？"

我以前经常建议家长多陪孩子玩，但不是让家长无限制地陪孩子玩。你可以给孩子规定时间，在规定时间前你一定要和孩子商量好。"凡事预则立，不预则废"，当你郑重其事地坐下来与孩子一起商量时，孩子能感受到平等和尊重。所以，他愿意与你一起去解决问题。

3. 用灵活的契约与孩子求同存异

一个国家的契约精神在实现民主的过程中发挥了极大的作用。在管教孩子上，我们也要实行民主。实行民主就是给孩子立一个契约。

民主是什么？我认为民主就是求同存异。所谓"求同"，就是我们完成共同的目标，如陪孩子一起玩，陪孩子一起看电视；所谓"存异"，就是双方各取所需。我们给孩子建立一个契约，恰好就能实现"求同"和"存异"的完美结合。在"求同存异"的过程中，父母与孩子各自表达自己的需求，最后双方一起协商并得出一个平衡的结果。

比如，你希望孩子少看手机，你给孩子规定的时间是半小时，而你的孩子不同意，他想要看一小时，你们双方之间产生了一个差异。这个时候你可以与孩子商量，说出你的需求和你的目标是什么。

你可以这样说："宝贝，妈妈希望你从小就养成一个良好的生活习惯，凡事都要养成一定的自律性。比如，你小时候每天都会按时起床、按时吃饭，这些都是你的自律性，妈妈也特别欣赏你的这种精神。也正是因为你的自律性，妈妈才特别欣赏你。"

这时你要强调以往的自律性给孩子带来了什么，你的这种感同身受的体验会让孩子产生一种共鸣，千万不要强调自律性会给孩子的将来带来什么，因为孩子对未来是没有概念的。当你的孩子意识到自己在小时候养成过某些非常良好的生活习惯时，他才愿意去尝试迈出第一步。

在沟通之后，你的孩子肯定会有一些情绪上的反应，会加入讨价还价的环节。但他的态度肯定不会明显地与你形成对抗了。你的孩子可能会说："妈妈，我再玩20分钟。"这时你尽量同意就好了。因为在你的软磨硬泡之下，他已经退让了。

在规矩定好之后，先试行一周。如果孩子做到了，你就要对孩子进行表扬。在这个过程中切记一点，不要每天盯着孩子。一旦他有一天没有做到，你就去数落孩子说话不算数，这是非常不好的做法。

孩子经过几周后逐渐养成了一定的习惯，这时双方就可以把这个契约共同制定下来。制定契约时一定要有仪式，如你和孩子一起画一个小星星，一旦孩子将来不履行，你就用这个小星星来提醒他。在整个过程中，你一定要去关注孩子的情绪，一旦孩子感觉不舒服或一时接受不了，就说明这个规矩制定得不合理。这时我们就要灵活修改，给孩子一个适应的阶段。

总的来说，给孩子立规矩是一件非常需要耐心的事情。在这个世界上，所有已经出现的问题都是不可避免的。只要我们采取的方法对了，将心态摆在正确的位置上，那么这个世界就会为我们呈现出最美好的样子。

2.3 孩子总是"半途而废"怎么办

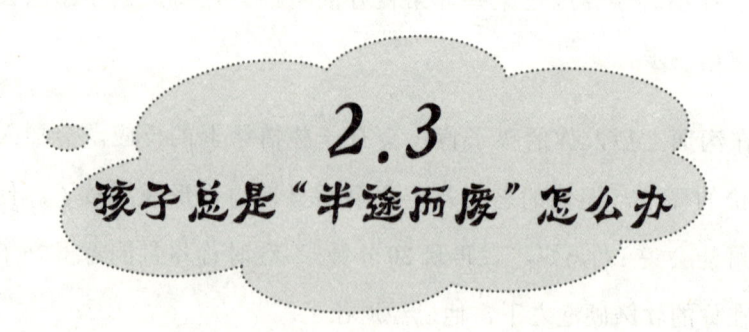

在一些微信群里，我发现很多妈妈经常会遇到这样的情况：有的孩子同时上几个兴趣班，可是每个兴趣班都坚持不到一个月就放弃了；还有的孩子在写作业时每写到一半，就去玩一会儿，再回来写，哪怕作业很少。

这些情况反映的问题是大多数孩子存在的问题，也是一个令家长头疼的问题。而家长最大的焦虑在于，孩子从小就这样"半途而废"，长大了在学习上就容易出现畏难情绪，甚至会影响到未来的择业和生活，这可怎么办啊？

在真正切入话题之前，我们先回答这样一个问题：一个人活着到底是为了什么？如果你对这个问题没有明确的答案，那么你的孩子在学习任何一门学科或一项技能时也不会有答案。我认为，人活着的意义有两方面：一方面是能为自己做些什么，另一方面是能为他人做些什么。这两方面的价值体现在不但能给自己带来幸福，而且能给他人带来幸福。这是一个人活着最大的价值。

教育通常分为两种：一种是精英式教育，另一种是比较式教育。这二者的差距究竟在哪里呢？精英式教育，凡事都要探究到底是为了什么，以及我要成为什么样的人。比较式教育，凡事都在考虑自己害怕什么，以及自己不要成为什么样的人。通过这样的划分大家就能清楚，你现在给孩子的到底是精英式教育，还是比较式教育。

我们看这样一个案例：有一次，我在一个家长群里讲关于精英式教育的课。刚到课间休息时，就有一位妈妈跳出来对我说："小渔老师，我家孩子最近总是不好好学习，我真担心孩子考不上好学校，怎么办？"这时其他妈妈也纷纷跳出来抱怨，有的说："是啊，考不上好学校，将来找不到好工作怎么办？"有的说："没有好工作就找不到女朋友，怎么办？"诸如此类，等等。

其实这些抱怨都是比较式教育，完全出于家长的担心、恐惧和害怕。如果你也经常这样去想，那么你的孩子一辈子就可能是平庸的。

在生活中我们发现，有的孩子一辈子都在学习如何获得安全感。为什么很多名牌大学毕业的学生只是找了一份远低于自己能力的工作？因为他们想获得安全感，他们的内心只想要一份稳定就满足了。可是他们在有了这份安全感后，随着年龄的增长，又开始变得迷茫了，甚至开始怀疑人生的意义。

之所以出现这样的怀疑，是因为很多人从小到大都没有实现自我。所以，说到底，人这一生就是为了寻找到真实的自我而活！你只有真诚地活出自我，才能发掘出自己的天赋和才华，才会把事情做得淋漓尽致！

话说回来，为什么你的孩子在上兴趣班或学习时不能坚持下去？试问，你有没有考虑过你的孩子在选择一个兴趣班或一项技能时，他要为自己做什么，以及他要为他人做什么？你要从人生观的角度给你的孩子高屋建瓴地设定一个目标，这样你的孩子才会心怀诚意地去选择某个兴趣班或学习某项技能。

其实无论孩子去做什么，你一定要问清孩子这样几个问题：他长大后想成为什么样的人，他想为他人做什么，以及他想为这个社会做什么事情。

你一定要让孩子有一个明确的概念，在孩子的心中种下这样一粒种子，他才会在探索环境和学习知识的过程当中找到他想要的答案，而这个答案一定是他由内而外生发出来的，而不是你由外而内地告诉他去学习什么。如果你把你的期待强加在孩子的身上，那么他这一辈子都是迷茫的，即使他去学习了，也不会走心，自然就会半途而废。

我曾经遇到这样一位家长，她告诉我："小渔老师，假期期间儿子一直在家里学习，最近我发现他不爱起床了，老师每天给他布置的学习任务要拖到下午才完成。马上就要高考了，这样下去怎么办啊？"我问这位妈妈："你每天都怎样叫他起床呢？"这位妈妈说：

"我每次都催他，他也不起，甚至骂他、打他，他也不听……"

假期赖床的确是很多孩子存在的一个共性问题，我们应该怎么解决？我通过这位妈妈了解到这个孩子特别崇拜巴菲特，对股票感兴趣。我告诉这位妈妈既然孩子喜欢巴菲特、喜欢股票，那么我们就用"巴菲特"叫醒他，用"股票"叫醒他。下次在叫孩子起床时，你可以这样说："儿子，今天有一个巴菲特访谈，我们要不要一起来看看啊？"也可以这样说："儿子，帮妈妈看看今天的股市怎么样了？"这时孩子就会开开心心地起床了。

所以，能够叫醒一个人的到底是什么？是他的梦想，是他人生的价值感！只有这样，才能真正地唤醒一个孩子！比如，当你的孩子想练琴时，你可以这样说："贝多芬，该你演出啦！"当你的孩子想画画时，你可以这样说："现在有请我们的达·芬奇上场！"如果你用这样的方式去带动你的孩子，你的孩子就有可能成为精英。只有你的孩子在骨子里相信自己是这样的人，他才会与这样的人去同频。

当你的孩子在做一件事的过程中坚持不下去时，你可以从以下几个方面去做。

1. 不要用现象解决现象，你要找到现象背后的原因

比如，你看到孩子在练钢琴，他刚练一会儿就说手痛了，这就表明他坚持不下去了。这时你可以告诉他真实的感受："宝贝，你练了这么久，妈妈看你的手都快磨破了，所以你现在肯定不想练了，

你感觉太累了、太难受了……"你重复孩子的这种状态，孩子就会感觉到自己是被关注的。

2. 找到孩子出现情绪的原因，并解决情绪问题

当你的孩子在练琴时，他不想练了，是因为太累了、太难受了、太痛苦了。这种感觉让孩子很焦虑，所以他有些坚持不下去了。当你澄清了孩子的感受时，他就会觉得妈妈不仅关心我、爱我，还更懂我。这时你的孩子才会更信赖你，才会更愿意接受你之后提出的建议。

找到了原因，我们再去解决孩子的情绪问题。解决孩子情绪问题的方法非常简单，就是家长要学会陪伴和倾听。智慧家长一定是孩子的陪伴者和支持者，而不是控制者。你可以这样回复孩子："宝贝，如果你想哭，妈妈就陪着你哭；如果你难受，妈妈就陪你静坐一会儿；如果你想自己待一会儿，妈妈就给你空间，让你静静地陪伴一下自己。"

只有你持这样的态度，你的孩子才能真正地和自己相处、和情绪相处，他才能看到父母在面对这种情况时对自己的态度。他以后在面对困难时，也会采取积极的策略，以应对更复杂的情况。

3. 适时提出你的积极建议

如果你找到了孩子坚持不下去的原因，并使用共情、接纳的方法解决了孩子的情绪问题，那么你的孩子就会愿意接受你提出的

积极的建议。这份建议是什么？这份建议就是一句话：你永远都能找到事情背后的积极意义。积极意义的寻找是需要我们家长不断引导的！

以往我们在教育孩子时，做得更多的是培养孩子的学习方法。其实在我看来，教育的本质就是让孩子学会在困难当中找到人生的积极意义。这一点比学习任何的技能都重要。

2.4 为什么孩子说话不算数

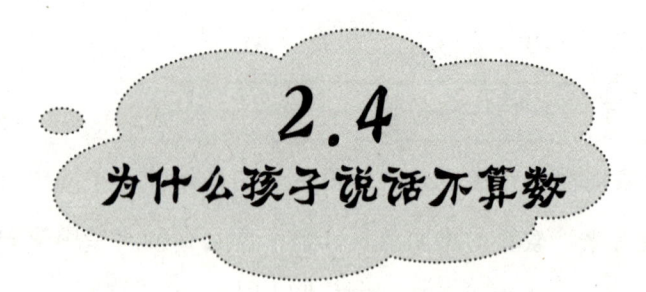

最近有妈妈向我反映："小渔老师，为什么我给孩子立了很多规矩，孩子仍然说话不算数呢？"这也是一种普遍现象，很多家长还会因此而责怪孩子不讲信用，随随便便就给孩子扣上一个"不守信用"的帽子。这是非常不明智的做法。

在我们与这个世界相处的过程中，诚实守信是一种重要的美德，但这种美德也需要从小慢慢培养。你不要指望孩子现在每件事情都能做到，你要给孩子留出一定的余地。你要把孩子当作一个人来看，而不是把孩子当作一个神来看。你要把孩子当成一个真正的生命去看，你要学会从他的角度去理解他。你首先要保持平和的心态。"己所不欲，勿施于人。"如果你自己都没有做到事事说话算话，那么你就更不要将之强加于孩子了。

当然，我们允许孩子说话不算数，但这并不代表让孩子说话不算数成为一种习惯。要解决孩子说话不算数的问题，首先要了解孩子背后的真实需求是什么。

我们先看这样一个案例。有一次一位妈妈着急地给我发短信："小渔老师，我儿子把我锁在外面了，不让我进屋。"后来我了解了原因，原来妈妈和儿子因为吃饭的问题吵了起来。

每次儿子在家吃饭时，这位妈妈都会问儿子："儿子，晚上你想吃什么？"儿子说想吃蒸鱼、红烧肉，可是每次做完后儿子说不好吃，然后只吃几口就去玩了；或者妈妈每次将饭菜摆到桌上叫他吃饭时，他都会说"等会儿吃"，一拖再拖。母子两人因为吃饭的事情争吵不断。其实这个儿子说出"等会儿吃"这种话就属于说话不算数。

为什么你的孩子说话越来越不算数了？到底哪里出了问题？其实归根结底就五个字，即"心里不答应"。你做的饭不合他的胃口，你做的事没有做到他心里去。所以你做的饭他不吃，他的内心有一个抗拒的声音："我不想吃你给我做的饭菜！"

处于青春期的孩子大多都喜欢吃外卖，因为他们喜欢尝试新东西。这是生物的一种本能。处于青春期的孩子对事物的探索能力和好奇心越来越强，他们时刻都想体验多元化的事物。所以，当你每天都在问他吃什么的时候，他其实已经厌倦了。无论是让孩子吃饭，还是让孩子放下手机，他们都只能做到表面答应，但是心里不是这样想的，因为这不符合这个年龄段孩子的发展需求。

这时我们怎么办？我再以上面吃饭的事情为例，在下次吃饭的时候，妈妈可以这样问："孩子，你是想吃妈妈给你做的土豆丝，还

妈妈不焦虑 孩子更独立
——"共情"比讲道理更管用

是想吃外卖啊？"孩子不但有了选择的机会，而且能吃外卖，这时孩子的内心一定是接受的。在你将外卖拿回来后，不用你再催促，他就会迫不及待地去吃了。

智慧的家长一定要学会换位思考，不要把自己的情感投射到孩子的身上。你认为孩子在家吃饭更健康，这只是你的需求；而处于青春期的孩子就希望点外卖，他想尝试新东西，这是他的需求，和你的需求是完全相反的。当孩子内心真实的需求无法得到满足时，你用你的需求去询问他，他因为惧于家长的权威，在表面上答应了，内心却是排斥的，这样你的孩子就容易出现说话不算话的问题，而且将来亲子间有可能会产生更大的矛盾。

当上述原因导致你的孩子说话不算数时，大家可以采取这样两种方法。

1. 适当满足

很多家长可能在情急之下，无法及时观察到孩子的需求，这时最好的办法就是适当满足。

我讲这样一个例子，我以前认识一位业内知名的教授，他有一个可爱的女儿，特别爱吃比萨，每周教授都会给孩子买两次比萨。后来孩子长得越来越胖。此时教授觉得有必要管一管女儿，不能让她这样吃下去了。没想到越管，女儿反而越变本加厉，她会在学校里偷偷地吃。

教授后来想了一个办法，就是适当满足。既然孩子想吃，他就每天带孩子去吃比萨，而且顿顿吃。结果到了第四天，这个孩子再也不想吃了，因为她一看到比萨就想吐。从那以后，这个孩子吃比萨的次数明显减少了。

对孩子来说，他们对某样东西都会有一股热情。当你适当满足他时，他的那股热情很快就会过去。还有很多家长担心自己家孩子早恋的问题，其实这个方法也可以拿来用。如果你的孩子喜欢一个男孩或女孩，那么我们就找个时间专门和孩子聊聊他喜欢的男孩或女孩，什么事都不做，就去聊对方身上的优点和缺点。聊着聊着，你就会发现孩子的热情越来越淡了，甚至到最后你的孩子都不再想提对方了。

2. 承担自己的情绪

很多时候家长一看到孩子玩手机，没有学习，就会火冒三丈。"这个孩子怎么这么让人生气啊！"这时你把生气的源头指向你的孩子，这也是导致你无法承担自己情绪的原因。

如果你把自己的情绪问题一直归因于孩子，那么只要孩子不改变，你就一直处于压抑的状态。如果你学会承担自己的情绪，把你与孩子的边界弄清楚，那么你的情绪反而更容易被控制。因为改变自己要远比改变孩子容易得多。

我们还拿上述吃饭的例子来讲，当儿子因为吃饭的问题把妈妈锁在门外时，妈妈一定越来越生气，越生气越敲门，而孩子就越不给开门。妈妈情绪里的急促和焦躁让孩子有了不安全感。这时妈妈如果主动承担自己的情绪，效果就会不一样了。

很多时候一些妈妈在与孩子交流的过程中，没有抓住孩子行为背后的本质需求。所以，在一些事情上，根本就没有谁对谁错之分，更不是你的孩子故意要针对你。你要知道，你的孩子比谁都爱你。你只有把孩子当作天使一样去欣赏他、去唤醒他内心深处爱的翅膀，他才能像天使一样自由飞翔！

2.5 如何改善孩子"输不起"的心态

最近几年来,我在接触的个案中,发现很多处于青春期的孩子都存在一个"输不起"的问题,尤其是面临中考和高考的孩子。

在一次亲子训练营中,一位妈妈向我抱怨:"最近我女儿在考试时总是不允许自己考不好。一旦这种落差很大时,她就会大声喊叫、摔东西,或者就会很失落、不开心,有时候她还会躲在卧室里偷偷地哭……"

这位妈妈的话还没有说完,其他妈妈也纷纷围了过来,对自家孩子进行大肆"批判"。这种大举进攻之势倒让我觉得这些孩子好像都不是他们亲生的。"输不起"这种问题其实并不是"无药可治",只要找到方法就能解决了,确实没有必要这么大惊小怪!

从心理学的角度来说,每个人生来都有好胜心,都希望自己比别人强大,都希望得到他人的认可,这是人之常情。但是一个孩子尤其是处于青春期的孩子,如果每次都过于在意输与赢,那么久而久之或多或少都会影响到他的个性发展与人际交往。

妈妈不焦虑 孩子更独立
—— "共情"比讲道理更管用

为什么你的孩子会"输不起"呢？在我看来，孩子的这种心态其实是父母"输不起"心态的一种折射。有的父母在情感上或事业上输不起，一旦受到冷遇或遇到挫折，就会表现出各种不良行为，如酗酒、摔东西、与人争吵等。父母本身是孩子的一面镜子，孩子也会从父母身上"继承"这种"输不起"的心态。比如，有的孩子在考试过程中，遇到稍有一些难度和挑战的试题，内心就会有落差，就容易产生一种焦虑的心态。这样的心态如果出现在中考或高考中，那么岂不是影响很大？

我认为，从正向角度来看，"输不起"的心态可以让自己形成更高的自我要求，让自己时刻保持积极进取的精神。但从相反的角度来看，"输不起"的心态也是压倒孩子的最后一根稻草。很多时候，孩子正是因为输不起而影响了学习成绩。智慧的父母应该学会区别对待孩子"输不起"的心态，不要让孩子的心理在生活和学习过程中承受过大的落差，这样才能让孩子心安理得地主动成长。

作为想积极助力孩子成长的父母，我们应该怎样去改善孩子"输不起"的心态，让孩子主动而健康地成长呢？

1. 表扬孩子的行为过程，而不是行为结果

有的父母以批评、打骂来教育自己的孩子，有的父母意识到这种方式不正确，于是把这种暴力教育改为全盘的表扬教育。事实上，你会表扬吗？

我遇到过这样一位妈妈，她不知从哪里学了表扬教育，之后就

开始对儿子的各种做法进行表扬，甚至连儿子吃饭、睡觉这些小事，她也连声夸赞。"你真棒""你真厉害"成了这位妈妈的口头禅。长此以往，这个孩子的自信心开始有点儿膨胀，觉得自己就是"奥特曼"。

有一次这位妈妈出差回来后，没有及时对孩子进行表扬，孩子开始和妈妈生气，不理妈妈，而且有时还会对妈妈大喊大叫。通过这件事，这位妈妈开始反思自己对孩子的表扬是否有问题。

这位妈妈的情况在我们生活周围是很普遍的现象。当表扬泛滥成灾时，你的孩子一旦没有及时得到表扬和掌声，一旦面对失败，他就会发现实际与认知不符，就会通过一些偏激行为来对抗现实。所以在我看来，父母的过度表扬是造成孩子"输不起"心态的主要诱导因素。

父母应该如何有效地表扬孩子呢？在表扬孩子时，我们不仅要肯定孩子的行为结果，还要表扬他的行为过程。比如，孩子最近学习有进步了，考试的成绩也不错，你可以这样告诉孩子："你这次考试考得不错，妈妈很开心。"这时你肯定了孩子的行为结果，但你还要告诉孩子这次他到底是通过什么样的方法、什么样的探索精神、什么样的意志力取得了这样一个好成绩的。你要让孩子知道，他是通过怎样的过程取得这样一个结果的，这样你的孩子才能真正地获得自我价值。

人活着的价值体现在两个方面：一是让自己幸福，二是让他人幸福。幸福是什么？幸福就是你在做任何事情的时候都会心安理得，并且你在做出选择之后是无怨无悔的。为什么我们在每次批评孩子之后，又会陷入更加焦虑的状态中？因为我们知道自己的行为会伤害到孩子，没有办法做到心安理得。这时你要清楚，人活一生就是为了让自己幸福和让他人幸福。当你管教孩子和表扬孩子的时候，一定要直指幸福。任何影响到我们直指幸福的行为，永远都不要做。

2. 让孩子发掘自己的优势，承认自己的劣势

对孩子而言，陪伴是最长情的告白。你真正陪伴的是什么？就是让孩子发掘自己的优势，承认自己的劣势。很多家长的做法恰恰是相反的，他认为自己孩子的数学不好，就要努力提高孩子的数学成绩。这其实是本末倒置、事与愿违的事情。孩子在劣势学科上很容易产生一种挫败感，因为他在有限的时间内不可能取得太大的进步。这个筹码对孩子来说实在太大了。

那么，我们应该怎样去做？我们要让孩子去发挥自己的优势，而不是劣势，要让孩子把自己的优势发挥到极致。尤其对面临中高考的孩子来说，眼前最要紧的是在优势学科上去争取，在劣势学科上要抱着一种感恩的心态，能提高多少算多少，千万不要勉为其难。这才是父母最需要告诉孩子的大智慧，这才是让孩子在学习上获得幸福感的正确途径。

3. 适当调整对孩子的期望值

很多家长常把自己的孩子夸得天花乱坠。比如，我的孩子是最棒的，我的孩子是最好看的，总而言之，我的孩子哪里都好。这种非常笼统的评价只会给你的孩子贴上一个无奈的标签：万一自己做不到，大家就不再爱我了。当孩子实现不了家长的这种期望时，孩子就会变得焦虑，就会遇事逃避。为什么逃避？因为他怕辜负父母对自己的期待。所以，家长在夸奖孩子的时候，一定要注意方式。

此时需要我们适当调整对孩子的期望值。想一想，你对孩子的期望值是什么，孩子对自己的期望值又是什么，你们之间是否存在差距？如果差距比较大，那么你一定起的是反作用；如果你对孩子的期望值和孩子对自己的评估差不多，那么你现在所表现的对孩子的期望值才是促使孩子发展的助力。

我们常说要成为孩子的知心好友，可我们怎么样才能成为孩子的知心好友呢？最好的办法就是同频共振。如果你和孩子不同频，又怎么能形成共振呢？你说你理解孩子，孩子又怎么能相信你呢？所以，父母要从期望值开始做调整，你要看一看自己对孩子的期望值与孩子对自己的期望值是否有非常大的冲突。

4. 不要把你的输赢态度迁怒于孩子

我有一个同事，平时在单位里做事雷厉风行，深得老板赏识。但她是一个急脾气的人，在家里和丈夫拌嘴的事情时常发生。有一次，这位同事因为一件事与丈夫争得面红耳赤。这时正好儿子来问

妈妈不焦虑 孩子更独立
—— "共情"比讲道理更管用

妈妈作业题，正在气头上的妈妈随口喊了一句："你没看见我在干什么吗？"儿子委屈地走回了卧室，关上了房门……

此时的妈妈意识到自己有点儿过分，马上过去安抚儿子，可儿子红着眼，一声也不吭。妈妈无奈转身要出去，这时儿子突然说了一句："妈妈，你为什么总是和爸爸争来争去的？"妈妈愣住了……后来她把这件事告诉了我，我批评这位同事，并给了她一些建议。

虽然这件事对大人来说是一件小事，可是反映到孩子身上就是大事。我们很多人在做事时常把自己的输赢态度迁怒于孩子，在潜移默化的影响下，你的孩子也会变得"输不起"。我们不妨想一想，对于孩子的管教，你到底是在意别人对自己的评判，还是在意孩子真正的情感诉求？你一定要把这个界限分清楚。

最后我要告诉大家，一个人只有输得起，才能赢得起。你要记住，在这个世界上，成功的人是失败最多的人。你只有真正积累了失败的经验，才能铸就成功的历程。作为父母，你要让孩子学会不要害怕失败，因为越怕什么越来什么，越怕什么越像什么，越怕什么越容易被什么控制。所以，我们要告诉孩子不要怕失败，不要被失败控制。对于孩子每次考试出现的问题，我们要教会孩子提取这些问题的能力。提取这些经验，并以一颗感恩之心去看待孩子，这样才能成就你的孩子。

Chapter 3
第 3 章

情绪管理：
用共情实现孩子的自我情绪管理

一个人的情绪是没有好坏之分的，只有情绪导致的行为才会有好与坏之分。也就是说，人有情绪就如同大自然有风、霜、雨、雪一样，它是符合自然规律的。作为家长，我们要学会帮助孩子做好情绪的自我管理，而不是给孩子灌输"不能生气、不能哭、不能害怕"这样的思想。我们应该像认识大自然的天气现象一样去认识情绪、管理情绪，暂且不做出任何评判。只有这样，我们才有资格被称为合格的父母。

3.1 在孩子"发脾气"时我们应该怎么办

作为育儿工作者，我被家长问得最多的问题是："小渔老师，你带孩子是不是很轻松？你是不是从来不对自己的孩子发脾气？"就我自己而言，我对孩子有一定的容忍度，但这并不代表我从不向孩子发脾气。其实我也会向孩子发脾气，尤其是当孩子先发脾气时，自己有时候一忍再忍，到最后忍无可忍。这个世界上本来就没有从来不对孩子发脾气的父母。

在通常情况下，父母的脾气都是伴随着孩子的脾气而来的。那么，我们有没有认真想过为什么孩子爱发脾气？

从心理学上讲，从出生到两岁左右是孩子对父母形成依恋的关键期。处于这个阶段的孩子特别需要安全感的安抚，甚至每一分、每一秒都需要父母的安抚。但很多父母往往从自己的角度考虑问题，一旦孩子哭闹，内心就会变得烦躁。很多妈妈在这个阶段特别容易出现产后抑郁、产后焦虑，孩子也会感受到妈妈的焦虑，从妈妈这里得不到安全感，这时候他就会通过啼哭来表达情绪。等他长大以后，性格也会变得暴躁。

很多孩子长大后性格不好，与他在从出生到两岁这个时间段内没有得到父母的关爱有直接的关系。这包括你没有经常陪在他的身边，你没有在给予他爱抚的同时用爱的眼神凝望着他，你没有喃喃细语并且如视珍宝一样善待他。

试问一下，当孩子刚刚来到这个陌生的世界时，在最需要你的时候，你没有给予他足够的安全感，他又如何与你建立信任关系呢？

在这里我并没有指责和埋怨父母的意思，只是想告诉大家放下对孩子现在的评判，因为这一切不是孩子造成的。当孩子有了脾气时，我们不应发脾气去阻止他，而应想一想用什么办法来补救。

我给大家推荐哈佛大学研究的一种方法，不管是大孩子还是小孩子都可以使用，属于国际顶尖的教育理念。后来我又在此基础上做了调整，总结出更适用于中国家庭的方法，即A、B、C方案。

1. A方案：强制

A方案并不适用于普遍情况，仅适用于孩子面临危险的情况。比如，孩子威胁你，如果不这样就直接跳楼；孩子在川流不息的马路上撒泼打滚，情况非常危险。这时最简单的方法就是直接制止，把孩子抱走。

有一次在微信群里，一位妈妈说自己和女儿因为看手机的问题发生了争吵，结果女儿便打开窗户，用这种方法强迫妈妈就范。这位妈妈毫不犹豫，直接把女儿抱到卧室里。过了一段时间后，女儿冷静下来，也不再吵着看手机了。孩子的安全问题是家长的底线，当孩子的安全受到威胁时，家长一定要对孩子采取强制措施。

2. C方案：放弃

B方案是最具有普遍意义的方案，也是最重要的方案，所以我放在后面来讲，在这里先来说一下C方案。所谓的放弃就是对孩子的行为妥协，不去管他。这个方案比较适用于孩子情绪已经完全失控的情况。

假设孩子因为某件事没有得到满足开始愤怒、大喊大叫，甚至有了攻击倾向，而你确定他处于一个安全的范围内，就不要去强制干预他，可以选择暂时的放弃。此时暂时的放弃就是最好的安抚。因为这个时候任何语言和道理对他来说都是无效的。等他的情绪平静了，你再去解决问题，这叫以退为进。

3. B方案：积极合作

B方案是最重要的方案。A方案和C方案适用于孩子已经发脾气的情况，而B方案适用于孩子刚有发脾气的苗头的情况。这种方案能把孩子要爆发的脾气提前化解掉，对孩子的伤害是最小的。这种方案叫作积极合作式的解决方案，可以分为三个步骤：

1）将心比心

我之前强调过无数次，对孩子要进行情感养育，这是一切教育的基础。

当孩子有了情绪时，我们要承认孩子的感受，并表达出理解。比如，你的孩子正在玩游戏，你要了解现在的游戏通常是团队作战的，如果对方没有下线而自己单方面下线，就会影响整个团队的战绩。为什么我们平时催孩子放下手机，可他迟迟不愿意放下？因为他进行的是团队作战，这时如果你硬要他停止，他的脾气就会马上爆发。

这时最好的办法就是将心比心，对孩子的行为表示理解。你可以这样说："宝贝，我知道你现在和同学们在一起冲关，我也知道你现在正通过打游戏来放松自己，让自己在这个过程中有一种成就感。"在你对孩子表达了自己的理解后，孩子的内心就会逐渐恢复平静。

为什么一个人会产生情绪？主要原因在于我们大脑里的杏仁核。杏仁核本身既能产生情绪，也能调节情绪。当你对孩子表现出理解和共情的感受时，孩子大脑内的杏仁核就会起到安抚的作用，让孩子的内心变得平静。

2）界定问题

所谓的界定问题就是让孩子能够准确地表达出自己的立场。我

妈妈不焦虑 孩子更独立
——"共情"比讲道理更管用

们知道教育的最终目的是要帮助孩子解决问题，而解决问题的前提是要知道问题是什么。

很多时候家长和孩子争来争去，最后忘了自己到底为什么而争，这时争执就成了破坏亲子关系的一种形式，到最后问题也没有得到解决。比如，你想让孩子别再玩游戏了，去按时睡觉，这是你想要解决的问题；但是孩子并不想早睡，他还想继续玩游戏，巩固自己的战绩，这是他要解决的问题。在这种情况下，你和孩子之间就容易出现矛盾或冲突。

现在的孩子普遍存在一个问题，就是不知道怎么正确表达自己的想法，这使得他们在人际关系中处于劣势，也使他们的脾气变得极为暴躁。在大多数情况下，他们"无法明白"自己为什么会变得这样暴躁，"无法明白"自己真正的需求是什么。这时候家长就要帮助孩子梳理和澄清他们的需求和感受，以界定问题。

为什么现在很多家长总说自家孩子的性格不好？一个重要的原因就是家长在与孩子沟通的过程中，到这一阶段就失去了耐心。对父母来说，真正的耐心是让孩子澄清自己的诉求，并用心去倾听。有的孩子在小时候没有学会澄清自己的诉求，现在已经习惯了，他也不想再去澄清自己了，这时你可以主动引导他来澄清。你可以这样说："你最近是不是学习压力太大了？"或者说："你是不是跟老师之间发生了什么事情？"

当你的某一句话触动了孩子的内心时，他就会愿意说出自己的真实想法，这时你要用心倾听他，并用爱的眼神看着他。你所传达的态度是希望你与他获得双赢，而不是谁赢谁输，也不是谁听谁的。最后，你再向孩子界定好你要解决的问题。比如，"妈妈现在希望你能早点儿休息，而不是每天晚上打游戏打到很晚。"你所界定的问题一定要清晰，这样孩子才会知道你到底想要什么，到底想要解决什么问题。

3）解决问题

在你界定好问题之后，接下来就需要有一个解决方案。

如果孩子刚开始还不习惯这种方法，你可以给孩子提出合情合理的选择。就拿玩手机这件事来说，你可以对他说："宝贝，咱们每周玩三天手机，还是每周玩两天手机？"这样慢慢引导孩子，让孩子从天天玩手机变成每周玩两天或三天手机。

在这个阶段过去之后，你可以尝试邀请孩子提出自己的想法和建设性的意见，最终在你和孩子之间达成一致，即双赢。

很多人可能觉得B方案很难，其实它是最符合人性的方案、最符合情感养育的方式。只要你爱你的孩子，并视他为心中璀璨的钻石，就能够自然而然地应用B方案，而且毫不费力。

3.2 如何帮孩子处理"恐惧心"

随着孩子年龄的增长，他们对世界的了解越来越多，其内心的恐惧也会逐渐增多。比如，有的孩子小时候怕黑，不敢单独在家，不敢与小动物接触，渐渐长大一点儿，孩子不敢当众说话，不喜欢考试，不愿意与人交往……所有这些行为都与恐惧有密切的关系。

情绪没有好坏之分，也没有正能量和负能量之分，但是我们对情绪的认知态度和最后表现出来的行为方式有好坏之分，有正能量和负能量之分。如果你的孩子出现了恐惧心，你如何引导孩子将这份恐惧心转化为助其成长的动力源泉呢？

我记得以前接触过这样一个案例：有一个少年特别怕动物、怕大的声音，为什么会这样呢？原来，他家电视非常大，所以里面的人物和动物都显得特别大。有一次，正当孩子看电视看得聚精会神的时候，突然插播了一个广告，广告中一只奔跑的豹子张着大嘴、发出怒吼声迎面扑来。孩子当时就被吓坏了，开始大哭不止。这时妈妈跑过来安慰孩子："别怕，别怕，这都是假的。"

我们在孩子小的时候也这样对待过孩子，安慰孩子："你已经是男子汉了，不要害怕！"或者说："电视里的动物都是假的，不要害怕！"然后拍拍孩子，安抚一下，就结束了。事实上这样的处理并不合理。为什么有的人在长大后有恐高症、密集恐惧症？为什么有的大人总是出现被害妄想症，总认为别人在说自己的坏话，总认为整件事会变得更糟糕，每天都非常焦虑？这些其实都是由父母对他们儿时的恐惧处理不当所导致的。

所以，对于孩子，无论他是小到三四岁，还是大到十八九岁，我们都应该帮助他学会处理恐惧。只有这样，他今后的生活才会充满阳光。

在生活中，我常看到很多人把恐惧等同于内向，而事实上恐惧绝对不等同于内向。内向是什么？内向是寡言少语，不太愿意与外界接触。拥有这种性格的人天生就是如此，而不是后天转变的。很多名人天生就是这种沉思型的性格，如比尔·盖茨、巴菲特。这些人喜欢酝酿，喜欢在自己的世界里面做研究。这种内向的性格是不需要改变的。内向有内向的优势，它可以让人安静地思考人生。

而恐惧是什么？恐惧是对外面世界保持的一种敏感。这就好比正常人被针轻轻扎一下，没有什么感觉，但对恐惧心强或者敏感的人来说，他就会很恐惧。当然每个人害怕的节点不一样，这与其童年创伤的节点不同有关。此外，还与其性格特点有关，如性格多疑、爱焦虑、容易固执的人会更敏感。所有这些都是由强烈的恐惧心导致的，这样的人最大的特点是怕改变。比如，这样的人会按着心理预期去做一件事，当中途事情发生变化时，他整个人可能就会崩溃。

我们可以根据以上的叙述区分一下：你的孩子到底是恐惧心强，还是本身就是内向型性格。

当孩子出现恐惧情绪时，很多家长喜欢用"不要哭""不要怕""这是假的"等短句开头，所有这些都是对孩子既有情绪的否定和拒绝。一旦你说"不"，就表示你拒绝了孩子的情绪，接下来孩子就更没有办法和恐惧和谐相处了。

恐惧原本就是一种正常的情绪，你越说"不要怕""不着急""不要哭"，孩子就会越容易与恐惧拉近距离。这时孩子就会把恐惧当成一件非常可怕的事情和一种不正常的情绪。当你的孩子出现恐惧情绪时，你应该如何处理呢？

1. 承认他的恐惧情绪

你可以这样说："宝宝，你刚才是不是做了噩梦？所以现在有些害怕？"在这个过程中，你的表达方式是先描述事件，再去承认事件本身给孩子带来的体验。

2. 把恐惧"去特殊化"

孩子之所以对一件事情恐惧，往往是因为他过于聚焦这件事本身。这个时候你要把这件恐惧的事情变成自然的事情，这叫作"去特殊化"。你要告诉孩子，恐惧是一种正常的情绪，每个人都有这样的情绪体验，即使爸爸妈妈看到了这样的画面，也会感觉害怕，这是所有人的共性。

当一个人知道一件事情或一种情绪属于共性问题时，他就不会产生不安全感，这时他会有一种共识感，这是安全感的来源。

那么，如何把恐惧"去特殊化"？你可以用"也"字代替"不"字。假设孩子被电影里的恐怖画面吓到了，你要这样说："你刚才害怕了啊？看到这个画面，我也害怕。"千万不要否定，越否定越容易增强孩子的恐惧情绪。

3. 描述孩子的情绪，并澄清孩子的情绪

很多家长觉得孩子已经长大了，没必要去澄清情绪。我记得有这样一个年轻人，他与女朋友分手了，并很痛苦地把这件事告诉了妈妈，这位妈妈安慰孩子不要难过，以后会有更优秀的女孩。结果这样说完，年轻人心里反而更加难受。其实这位妈妈最应该做的是描述孩子现在的情绪，并承认分手这件事的确令人很难过，承认他内心的不情愿和委屈。这就是替孩子澄清情绪。

当你的孩子有情绪时，他是没有办法捋清楚自己的思绪的，正所谓"当局者迷，旁观者清"，你此时需要做的是帮助孩子厘清感受。当一个人有情绪时，他的内心是混乱的，如果情绪被适时澄清出来，其内心自然就会变得清明。

4. 表达出理解性反馈，并给予情感支持

我们在为孩子澄清情绪后，接下来要对他表达出理解性反馈，

妈妈不焦虑 孩子更独立
——"共情"比讲道理更管用

同时给予他情感或精神上的支持。比如，当孩子被噩梦吓醒时，我们先要承认他的情绪，并表示这是所有人的共性，接着澄清他的情绪，最后要对孩子表达出理解性反馈，并给予情感支持。

这时你要及时告诉孩子："妈妈就在你身边，妈妈会给你安全感，你现在是安全的。"也就是说，你最终一定要在精神上支持你的孩子，而不是去转移话题。此外，你还要使用你的身体语言来反馈孩子。如果是小一点儿的孩子，你可以抱抱他或者抚摸他的背部；如果是大一点儿的孩子，你可以拍拍他的肩膀或者摸摸他的头，或者用笃定的眼神看着他。这些动作都可以给孩子带来很强的安全感。

如果每个家长都能把以上四步做好，我们的孩子就会很快走出恐惧，走向美好。在这个过程中，你对孩子的所有支持一定要源于耐心、爱心。在这样具有耐心和爱心的培育下，你的孩子会变得更加真实、更加自信。

3.3 你的孩子有"安全感"吗

在我接触的案例中，有的妈妈告诉我最近孩子总是过度寻求关注，有时候还会和大人进行权力的争夺；还有的妈妈告诉我最近孩子总是借机打击、报复大人，如乱花钱、提各种无理要求等，甚至有时候还表现出自暴自弃，不想读书，不想学习，只想在家；还有一位妈妈说得更严重，她告诉我孩子最近动不动就离家出走，让她感到特别害怕。

为什么孩子会出现这些行为呢？在我看来，孩子出现这些行为都源于孩子没有安全感。什么是安全感？有的家长这样理解，安全感不就是给孩子提供一个安全的生活环境，让他有吃有穿，没有人欺负他，不打不骂他吗？这是大多数家长的理解，但这并不是真正的安全感。

我认为，真正的安全感是让孩子学会努力去面对和接受所发生的一切。也就是说，在生活当中，无论发生任何家庭问题或出现任何家庭变故，你的孩子都能够学会接纳这一切，这样他才能拥有强大的安全感。

妈妈不焦虑 孩子更独立
—— "共情"比讲道理更管用

作为家长的我们要理解什么是安全感，也要知道自己是否有安全感。只有这样，我们才能给孩子提供一个强大的内核，让孩子将来在社会上不管面对什么样的困难，都会发展得很好。

以孩子平常做作业为例，我们每天要多思考孩子行为背后隐藏的是探索机制还是依恋机制。比如，平时孩子在家写作业时难免会溜号，一会儿揉揉眼睛，一会儿动动桌子上的东西，一会儿吃个苹果，一会儿看看手机。即使在上课时，孩子也会溜号，如用手机看小说、刷抖音、打游戏。这些问题可能让很多家长忍无可忍，我的家长微信群里就有很多家长找我抱怨，不知道应该如何是好。

对于孩子这样的行为，我们应该用两个标准来衡量：第一个标准是孩子的行为有没有影响到别人，第二个标准是孩子的行为有没有影响到自己的成绩。比如，孩子在上课时看小说或画画，既没有影响到他人，也没有影响到自己的成绩，那么孩子的这种行为就是探索行为。有时候，我们对待孩子要像对待花朵一样，让孩子按照自己的节奏去开放，而不是按照大人的节奏去开放。

在这个世界上，一个人通常要处理两种关系：一种是自己与自己的关系，另一种是自己与他人的关系。也就是说，我们让自己成为什么样的人，以及我们为他人做成什么样的人。当这两部分不起冲突的时候，我们就要让孩子在自己的阈值里保持自由的节律。只有这样，孩子才会产生并启动探索行为。这时他的内心就会有一种安全感，并时刻保持着对这个世界的探索欲望。这样的孩子在将来面对问题时，不会逃避，不会害怕，不会自怨自艾，不会去刻意讨好他人，更不会沉迷于网络。

可是，很多家长总是抓住一些问题不放。比如，你写作业怎么总抠手？你怎么趴着写作业？你怎么写作业时看手机？我们的节奏被孩子带走之后，同时也打破了孩子的节奏。这一切源于家长不懂孩子的探索机制。家长用什么不该做、什么不能做、什么不允许做的方式将孩子的探索机制转变为对家长的依恋机制。

网络成瘾、依恋手机、晚上与妈妈一起睡、早恋等都属于典型的依恋机制行为。依恋机制严重的孩子，发展到最后会出现厌学、退学等行为，因为他觉得只有在家里才有安全感。

依恋机制是孩子在两三岁左右与家长保持的一种亲密关系。有的孩子在长到十几岁时，还存在这样的机制，甚至有些成年人还保持着这种依恋机制。比如，很多女孩子在结婚之后，一直对自己的丈夫保持着依恋，刚开始丈夫会有一种新鲜感，但是时间久了就会受不了。有的男孩子从小对妈妈有一种依恋，长大后会成为以妈妈为中心的"妈宝男"，而"妈宝男"是导致婚后婆媳关系不正常的重要因素。

为什么你的孩子会出现依恋机制？从心理学角度分析，主要由亲子间边界不清晰所致，这直接剥夺了孩子的探索机制和安全感。那么，我们家长尤其是妈妈应该如何去打破这种依恋机制，帮助孩子建立安全感呢？

妈妈不焦虑 孩子更独立
——"共情"比讲道理更管用

1. 嘴甜"心狠"

所谓嘴甜，就是对孩子多表示理解、多表示认同、多表示支持、多给予陪伴。所谓"心狠"，就是你要对孩子完全信任，你要相信你的孩子可以做到这一切。

2. 外柔内刚

表面上你说的话是柔软的，但你的内心是无比刚强的。无论家庭内部产生什么矛盾、发生什么变故，妈妈的表现都是无比刚强的。我们说不要做"女强人"，要做"强女人"，"女强人"是做给别人看的，"强女人"才是做给自己看的。

3. 少说多听

无论是对于爸爸，还是对于孩子，妈妈的唠叨永远是他们的"紧箍咒"。孩子放学不写作业，妈妈唠叨；爸爸下班回来晚了，妈妈唠叨。为什么不想开一些呢？为什么一直唠叨呢？孩子白天在学校学习了一整天，已经很累了；爸爸在外面有各种应酬，也很辛苦。大家都很辛苦，回到家肯定都希望让自己舒适一些，而不是听到各种指责和抱怨。这时妈妈要多倾听、少唠叨，做一个陪伴者和支持者。

4. 目标明确

你要为你的家庭团队制定一个共同目标，比如，你孩子的目标是考上一个好学校，你丈夫的目标是赚更多的钱，你自己的目标是爱自己或赚钱。你们要把彼此的目标当成一个共同目标并为之努力，当遇到事情时一定要一起想办法，而不是互相指责。当你抱着这样的信念去解决家庭问题时，你的家庭就会非常有安全感。

世界上所有的关系都是一致的。你要把你的家当成一个团队，你和你的家人都是团队中的一员。如何经营好这个团队？你可以用以上四种方法，即嘴甜"心狠"、外柔内刚、少说多听、目标明确。通过采取这样的方法，你就能够把你的家庭经营成一个有温度、有核心力量、有共同目标和有爱的家庭。

3.4 建立"边界感"

心理学家武志红曾提到,中国家庭中总是存在着一种"糨糊逻辑"。在这种糨糊逻辑下,家庭成员像糨糊一样,没有边界,整个家庭关系是混乱的、不清晰的。

比如,有的孩子在幼儿园或学校表现得非常好,可是一回到家里就会随便向父母发脾气;有的家长平时对朋友、对同事、对领导都非常好,可是一回到家里就对孩子或伴侣摆出冷冰冰的面孔;有的爸爸平时没有处理好自己与父母的关系,导致婆媳关系紧张……

所有这些问题都是源于边界的问题。你要知道,不论是我们与其他成年人之间,还是我们与孩子之间,都是有边界的。无论关系远近,都不能随意越过边界,干涉到了他人就是越界。如果家庭成员之间没有边界感,那么这种问题就会渗透到亲子关系当中,孩子就会走向两个极端:要么越来越懦弱,没有自主权;要么越来越霸道,过度强权。

为什么会出现这种情况呢？最主要的原因是我们家长小时候也被自己的原生家庭深深地困扰。比如，家里有一个强势的妈妈，或者有一个强势的爸爸，导致自己始终没有办法和他们真正地分离，没有形成真正的边界感。

在这样的原生家庭中长大的家长，始终都会因为父母的建议或者看法而怀疑自己的人生。他们的内心变得极度压抑，想要挣扎，可又无力挣扎。他们在成人之后，又把这种原生家庭的影响带给了自己的下一代。当遇到这种情况时，我们究竟应该怎么办呢？在这里，我来帮助大家重新建立边界感。在家庭中，只有每个家庭成员建立好边界感，我们的孩子才会自然而然地与每个人之间建立清晰的边界。

1. 表示理解，并感同身受

在生活中，你是不是经常遇到这样的现象？很多家长虽然已经是成年人了，但是依然把自己当作孩子，把自己的父母看得很重，甚至把自己的父母当成偶像对待。事实上，我们的父母也有不完美的地方，他们可能并不是你理想当中的父母。

有些家长不管自己的父母做错了什么，都认为是自己的错。因为他们的父母也是这样走过来的，不管别人说了什么，他们都会认为是由自己不够好导致的。"妈妈不高兴，肯定是我错了。""爸爸不高兴，也是我错了。"像这种情况，从心理学上讲，是因为他们还没有脱离心理断奶期，还受困于原生家庭父母的权威，以至于

妈妈不焦虑 孩子更独立
——"共情"比讲道理更管用

无法自拔。

因此，你若想要建立自己的边界感，一定要让自己成为自己生命的主人。同时你还要明白，这一切不是父母的问题，也不是自己的问题，只不过是因为自己没有和父母真正地分离，自己没有建立边界感。

尽管原生家庭使得我们没有建立边界感，但是父母不是"罪魁祸首"。因为我们的父母也是在原生家庭中成长起来的，他们也不容易。这是我们对他们的理解，但我们没有感同身受。

如果你真的感同身受了，你就不会让自己身陷囹圄之中。因为你并不想重蹈覆辙，重走他们的老路。理解父母的目的是什么？是改变自己，是让自己不再活成他们的样子，而不是说你理解了他们，然后就要无条件地接纳他们。

所有的理解都基于事态的发展，如果理解完之后并没有促成事态的发展，那么这种理解就不是真正的理解，也不是真正的感同身受。所有的感同身受一定要思考两个问题，并且给出明确的答案。

第一个问题：我可以改变什么？我可以改变自己的选择，我可以改变这个事件对我的影响。第二个问题：我无法改变什么？我无法改变父母对自己命运的认识、父母要活成的样子。

很多时候，我们在表面上屈从于父母，其实是想改变他们。比如，我们的父母总是劝我们去做这样或那样的事，虽然我们表面上答应但内心是特别排斥的。其实我们内心的真实想法就是想改变他们，想让他们不要再干涉自己的生活。

2. 主动反击，改变他们的念头

我们如何改变父母的念头呢？在生活当中，父母对我们的干涉无非婚姻、家庭、孩子这些问题。这时我们可以反过来，主动给他们打电话、主动和他们通过微信视频聊天，关注他们吃得怎么样、住得怎么样。或者你可以把问题问得更细一些。比如，你自己刚出生时是谁接生的？爸爸妈妈当初是谁追的谁啊？

人在老了之后，面对的最大问题就是自我价值感的丧失，这对父母来讲简直太可怕了，比疾病还要可怕。于是他们会把剩余的时间用来干涉子女的生活、事业，这样整个家庭就会处于糨糊状态。

俗话说"老有所为，老有所养"，我们不想让父母干涉自己的生活，同时我们又要让他们老有所为。这个时候我们可以反其道而行之，先去主动关注他们的生活。在父母老了之后，我们不仅要赡养他们的身体，还要"赡养"他们的精神。只有让他们的精神得到很好的"赡养"，他们才能与我们之间建立清晰的边界，才会不再干预我们的生活。

3.5 人缘不好的孩子怎么办

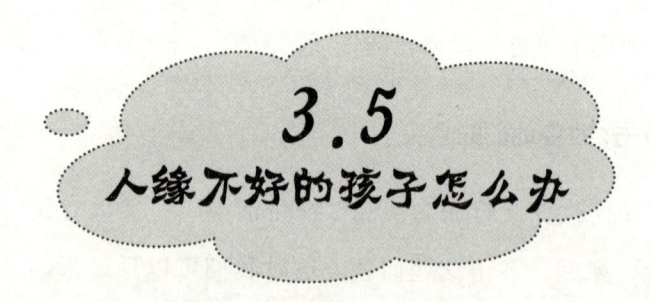

这些年我在给孩子做心理辅导时发现,有的孩子学习成绩有起伏,有的孩子逃学、厌学,有的孩子跟老师对着干,导致这些问题产生的一个重要原因就是孩子的人际关系不好。人是生活在互动的环境中的,平时孩子在学校里接触最多的除了书本就是人,所以孩子一旦与周围的人处理不好关系,他就很难对学校、对老师、对同学有一份好的感觉。那些孤独的天才毕竟是少数,我们要做的是帮助孩子建立一种良好的人际关系,这样他才能成为社会中的一分子。

如果你的孩子没有一个良好的人缘,没有一个良好的人际关系,那么他就没有一个良好的生活和学习环境;如果没有一个良好的生活和学习环境,那么他的心态就不会保持平和,他的学习成绩自然也不会稳定。

我记得一位妈妈向我抱怨过,说自家孩子的学习成绩在班级里一直忽高忽低,不稳定,这让她内心很纠结,甚至有几次想去学校反映一下。后来我让这位妈妈把孩子带过来,这个孩子不怎么爱说话，但很聪明。通过与他反复沟通，我才知道他与寝室里其他同学的关系一直不太好。我判断他学习成绩不稳定与他的人际关系不好有很大关系。

其实不仅这个孩子是这样，我在大量的个案中还发现，凡是与寝室里其他同学处理不好关系的孩子，厌学的情况都很严重，甚至有的孩子因此患上了抑郁症。这些孩子都有一个共同的特征，那就是他们与父母的关系极为不好，有的甚至与家庭出现了明显的裂痕。

为什么你的孩子人缘不好？因为你们的亲子关系本身就不和谐。我经常看到一些家长在平时生活中总是对孩子劈头盖脸地进行教育，或者在与孩子说话时突然吼孩子，这些都是特别鲁莽的行为。有的家长在孩子说话时经常打断孩子，不让孩子把话讲完。可能大人觉得这种情况很正常，但是孩子一定会出现表达上的误解，他不知道应该如何去进行正面表达。这种孩子不仅人缘差，倾听能力和沟通能力也很差。

如果你的孩子在生活当中也遇到类似的问题，那么你应该如何帮助他呢？当你的孩子融入一个新环境时，你要让他学会观察环境，而不是到了陌生的环境里就开始鲁莽行事。这就好比一个人掉入水里，如果一开始就大喊大叫，肯定会呛水，这时最应该做的是屏住呼吸，用身体的本能方式去适应水的温度和浮力，然后再慢慢地调整。

妈妈不焦虑 孩子更独立
——"共情"比讲道理更管用

如何让你的孩子学会观察呢？我这里有四个比较经典的步骤，即等一等、看一看、听一听、笑一笑。

1. 等一等

孩子是家长的"复印件"，家长在孩子学会这一步前，一定要先熟练掌握。你的家庭就是你的演练场，你可以对自己的伴侣、对自己的父母、对自己的孩子这样做一做。

在做任何事情的时候，你都要先等一等，先不要着急说话，不要一上来就做出判断，也不要急着闹情绪，你先等一等，等三秒之后就有可能发生奇迹。你在心里默念"等一等"，在三秒过去之后，当你说话时，你会发现自己的语速、语调变得缓和了。你最后会发现，这件事的实际结果比你对这件事的预期结果好很多。

2. 看一看

所谓看一看，就是你要先观察一下。比如，有的家长跟我说自己的孩子特别没有眼力见儿。其实，如果家长说自己的孩子没有眼力见儿，那么这个家长肯定也是一个没有眼力见儿的家长。

为什么这样说？当孩子正在学习或者做一件事做得正起劲儿时，有的家长总是没眼力见儿地去干扰孩子，打断孩子的思路。本来孩子正沉浸在自己的世界里，你的几句话就直接破坏了孩子的心情。

你本身就是一个不懂得察言观色的家长，你的孩子自然也容易成为一个完全不懂得察言观色的人。我们的孩子就是我们的镜子，当你挑出孩子的问题时，其实也是你自己改变的契机。

3. 听一听

所谓的听一听，就是你要听别人把话说完。在平常的交际过程中，你一定要学会去倾听别人说话，这样你才能判断出他的需求，才能了解他的性格，才能知道怎样做是最佳的方式。

作为家长，在与孩子交往的过程当中，你一定要听一听孩子的想法。在生活中很多家长会用命令式、指责式的说教，对孩子进行简单粗暴的教育。其实你只要多听一听孩子说的话，多听一听孩子的真实想法，就会让自己更省心、更省力。

在你了解了孩子的心声后，你的内心就会变得更加柔软，不会再用情绪去跟孩子对抗。因为只有真正倾听到孩子的心声，你才会发现，原来孩子看到的与大人所感受到的完全不一样。在你倾听了孩子的真实想法之后，你的内心就会被唤醒、被震动，你对孩子的爱自然也被唤醒了。

4. 笑一笑

心理学研究表明，一个微笑的表情可以触发人的积极的心情。从现在开始，我们要多对孩子笑一笑，多让孩子练习笑一笑。久而久之，你会发现你的孩子整个人都变得阳光了。同时，你自己爱笑的面庞、爱笑的眼睛，也会让你变得温暖并充满欢喜。

妈妈不焦虑 孩子更独立
——"共情"比讲道理更管用

一个人的思维决定了他的行为,一个人的行为决定了他的习惯,一个人的习惯最终决定他的命运。当你能把上面这些良好的行为习惯带给你的孩子时,你和你的孩子就会生活得更加通透、更加阳光。

Chapter 4

第 4 章

精进关系：
好关系养育出好孩子

在许多家长眼中，教育似乎只是学校和老师的责任，跟自己关系不大。我要告诉你，这样的想法是错误的。家庭教育才是教育的基础，是孩子成长的后盾，也是整个教育的核心。孩子生活在良好的家庭关系中，即使学校教育和社会教育有所偏差，孩子也能健康、快乐地成长。在我接触的许多个案中，我发现那些与父母关系融洽的孩子，往往更独立、更自信、更乐观，处理各种问题的能力也更强。相反，过于强势或对孩子过于溺爱的父母培养出的孩子总会有这样或那样的问题。所以，在陪伴孩子成长的过程中，父母一定要注意精进自己与孩子之间的关系，用恰当的方式去培养身心健康的孩子。

4.1 做"60分妈妈",孩子更强大

英国著名儿童精神分析学家、客体关系理论大师温尼科特认为,每一位妈妈都应该成为"足够好的妈妈",而不是"完美妈妈"。我国著名心理学家曾奇峰将温尼科特所提出的"足够好的妈妈"翻译为"60分妈妈",是目前公认最恰当的说法。

实际上,做"60分妈妈"不仅会让妈妈们不再那么辛苦,还可以让孩子变得更强大。接下来我就来讲讲这个"60分"到底是怎么得出来的。

首先,在孩子很小的时候,也就是刚出生、尚在襁褓中时,我们应该是"100分妈妈"。因为此时的孩子在生活上无法自理,在情感上也无法独立,完全要依靠妈妈的照顾,所以在这个阶段我们一定要做"100分妈妈"。

等孩子长到一两岁蹒跚学步时,我们就要做"90分妈妈",让孩子自己去探索,去与环境互动。当然,我们仍然需要拿出大部分精力去照顾孩子。

在孩子上幼儿园后，我们就要做"80分妈妈"，将一部分生活能力还给孩子，如让孩子学着穿衣服、自己洗手、自己吃饭、自己去交朋友等，我们要逐渐退出孩子的生活圈子。

在孩子上小学后，我们就要做"70分妈妈"。此时孩子已经掌握了一些自我管理能力，如可以自己学习、自己整理衣物等，这时我们仍要把一些生活能力还给孩子。

当孩子处于青春期时，我们就要做"60分妈妈"了，要将一些生活的权利，包括人格的独立性等，还给孩子。

孩子就像一棵树，从小幼苗一直长到枝繁叶茂，不断向上生长。随着逐渐长大，他所需要的空间也在变大。此时，如果你仍然对孩子的生活、学习、交友等横加干涉，不能恰当地维系与孩子之间的关系，那么就会阻碍他的成长。

接下来我就讲一下，在孩子的成长过程中，哪些是妈妈经过努力可以改变的，哪些是努力也改变不了的。

1. 不要试图改变孩子自身的特点

首先，一个人的个性特点是无法改变的，就如同他本来是一棵杨树，你不可能让他长成一棵松树一样。

比如，有些孩子在艺术上颇具天赋，喜欢画画、舞蹈，或喜欢服装设计，家长觉得孩子学艺术没前途，非逼着孩子去学理科，让孩子以后考一个理工大学，毕业后到一个稳定的单位去做工程师，

妈妈不焦虑 孩子更独立
——"共情"比讲道理更管用

还认为这是为他好。殊不知,你这样做完全没有站在孩子的角度去考虑,就是在试图把一棵杨树变成松树,让他失去生命的特点,那么他自然就会觉得生活索然无味。你们彼此间的关系也会因此产生越来越多的裂痕,因为你打破了孩子自有的特点,打破了他的自然规律,必然会产生反噬的效果。

其次,一个人的成长规律是无法改变的。比如,有些家长向我反映说:"小渔老师,为什么我家孩子在写作业时,做了好多遍的题还是会犯错呢?"还有的说:"小渔老师,为什么处于青春期的孩子的想法那么奇怪呢?"

其实这些都是由孩子的生长发育规律决定的,也是无法改变的。如果我们总拿成年人的理性、标准和思维去衡量孩子,包括孩子的学习能力、生活习惯等,那么你和孩子之间必然会产生冲突。因为不同年龄阶段的孩子有着不同的发展特点,正如你不能让一个七八十岁的老人像小伙儿那样在马路上奔跑一样。

所以,当有家长向我求助,希望可以马上解决孩子的问题时,我都会劝他们不要那么着急、那么焦虑,也不要老想着去改变孩子。孩子的任何问题都不可能在短时间内解决,这是违反自然规律的,就像一棵小树不可能在一夜之间长大一样。只有尊重、接纳孩子的成长规律,与孩子共情,让他顺其自然地成长,你和孩子才能和谐相处,你才有可能将精力用在那些能够改变的部分上。

2. 努力去改变我们对孩子的认知

我们对孩子的认知应该随着孩子的成长而不断变化，这些认知包括对孩子教育理念的认知、跟孩子沟通模式上的认知，以及对我们自身人格状态的认知等。只有这样，我们才能不断扩大自己的认知范围。

我相信很多家长都有过这样的烦恼：对孩子的一些行为感到特别焦虑，看不惯孩子的一些言谈举止，由此就会对孩子表现出不满情绪，甚至直接批判孩子的言行，导致亲子关系非常紧张。

我要提醒你，这就是你的认知出现了问题，你需要改变自己的认知，扩大自己的认知范围。因为时代在进步，孩子的一些言行也会随着时代的进步而有别于我们年少时的言行，所以你感觉有些接受不了。但如果你的认知范围扩大了，你所能接受的行为范围就会扩大，你能够接受的孩子的行为范围也会扩大，那时你就不会再对孩子的一些行为产生过多的不满和焦虑了。

孩子是一个独立的个体，你不可能一辈子限制和束缚他。

我曾采访过一位上市公司的总经理，我问他："您是怎么成功的呢？您小时候家人对您的教育是什么样的？"他说他的爸爸妈妈很少管他的学习，而他很特立独行，谁也不像，就想成为他自己。他的父母也很认可他的想法，允许他有独处的空间，所以他现在就是"Be myself"——做自己。

妈妈不焦虑 孩子更独立
——"共情"比讲道理更管用

每个生命都是一个立体式多元发展的生命。很多家长担心孩子不写作业、玩游戏，认为孩子没什么优点可言，可如果你立体式地观察孩子，你可能就会发现，他虽然学习一般，但是他唱歌很好、画画很棒，在主持方面很有天赋……这些都是孩子立体式发展中的优势，完全可以成为你关注的重点。

所以，我经常在课堂上告诉妈妈们，在孩子人生中的不同阶段，要努力做一个分数不同的妈妈。在孩子进入中学阶段后，"60分妈妈"是最合适的。与此同时，我们也要在不同的阶段中有差异地面对那些可以改变和无法改变的事实，从而跟上孩子的发展脚步，让孩子逐渐变得强大。

4.2 妈妈会花钱，孩子更有"财商"

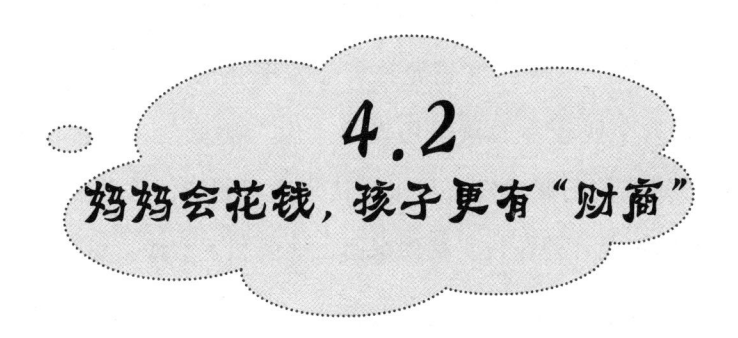

孩子从出生起，就与钱发生了关系；随着年龄的增长，花钱买东西的频率也会越来越高。这时，家长与孩子之间就金钱问题沟通的次数就会越来越多，而这个过程恰恰是培养孩子财商的最佳机会。

很多家长可能觉得，所谓培养孩子的"财商"就是一个噱头，花钱买东西谁不会呀，还用培养？实际上，财商是孩子应具备的一种不可或缺的素质，与智商、情商同样重要。理财专家们经常强调这样一句话——"幼不学财，财不理你终生"，其实这句话也在提醒我们：理财教育一定要趁早，而不是等孩子长大后再去灌输，再去告诉他什么该买、什么不该买，那时孩子的财商已经形成，你再想改变它不仅很难，对彼此的关系也很不利。

一般来说，在金钱方面孩子容易出现的问题有四种：

第一种是孩子直接要买东西，如玩具、手机、iPad等。孩子看到新鲜的东西就想买，不管自己之前有没有。

第二种是孩子因为钱而撒谎。比如，孩子告诉你学校要交资料

妈妈不焦虑 孩子更独立
——"共情"比讲道理更管用

费、书本费等，结果却在拿到你给的钱后去买了自己想要的东西。

第三种是孩子没得到家长允许就拿家长的钱，我在这里没用"偷"，是因为一些较小的孩子还没有"偷"的概念。这种情况往往源于孩子对钱的归属感没有界限，认为爸爸妈妈的钱就是自己的钱。家长可能不允许他花钱买某件东西，他就私下拿钱去买了。

第四种是孩子的钱被人抢了或被人偷了，或孩子把钱借给别人要不回来等。

所有这些现象都说明，必须尽早对孩子进行财商教育，让孩子从小就对金钱、财富树立正确的意识和观念。这样不仅能减少我们与孩子因花钱问题而产生的矛盾，还能让孩子处理好与金钱之间的关系，树立正确的财富意识。

那么，妈妈怎样花钱，或者怎样教孩子花钱，才能培养孩子的"财商"呢？我认为你可以从以下几方面行动。

1. 把选择权交给孩子

孩子见到新奇的东西就想买，这是孩子喜欢猎奇的天性，但有时妈妈可能觉得这件东西不值这么多钱，或孩子已经有类似的东西了，没必要再花钱买，所以就会拒绝孩子。结果，孩子要么哭闹，要么失望，要么沮丧，对妈妈也颇具微词。长此以往，孩子可能就会对妈妈产生不满情绪，影响亲子关系。

我给你一个建议，当你的孩子要花钱购物时，不管孩子年龄多大,也不管他要买的是什么,你都要先问他三个问题。

第一个问题:"你真的很喜欢这件东西吗?"

第二个问题:"如果不能拥有它,你会非常失望吗?"

第三个问题:"有没有一些你已经拥有的东西能够替代它呢?"

这样,你就把是否要花这笔钱的选择权交给了孩子。如果孩子认为自己很喜欢这件东西,不买会非常失望,并且没有其他东西能够替代它,那么接下来你要进行第二步。

2. 向孩子讲清这笔钱的来历

比如,你可以这样告诉孩子:"宝贝,你知道吗?我们买这件东西的钱是爸爸妈妈辛苦赚来的,是爸爸妈妈的劳动所得。"不管孩子大小、能不能听懂,你都要这样告诉他,并且就物品的价格明确告诉孩子:"这个玩具汽车的价钱是100元,这需要妈妈辛苦工作一上午才能赚到呢!"

这样做的目的是让孩子逐渐明白任何一笔钱都不是平白无故来的,都需要父母付出辛苦和劳动,从而加强孩子对金钱多元化的理解,这也是决定他未来财商的一个重点。

同时,你还要引导孩子思考:"宝贝,你看这个汽车这么好看,妈妈理解你非常喜欢它。你想一下,世界上肯定还有很多很多好东西,不仅你喜欢,别人也喜欢。如果其他小朋友也想要,他应该怎么办呢?"这就会让孩子从旁观者的角度去思考金钱的由来以及如何花钱。孩子可能回答："他可以跟爸爸妈妈要钱啊！"你可以继续引导他："嗯，这是一个办法，还有没有更好的办法呢？"孩子可能会通过思考给出其他答案，如"他可以自己赚钱买啊"。你要继续问："对，他可以赚钱，那么他能做什么呢？"这就进一步引导孩子思考，如帮爸爸妈妈做家务，自己利用假期卖旧书、旧玩具等。

在整个过程中，孩子的年龄越小，你需要解释得越多，对孩子思维的刺激就越强烈，孩子的情商和财商就是这样慢慢培养起来的。相反，有些家长一听说孩子要买东西，直接就说："哎呀，别乱花钱啦，你花钱太多了。"有些家长直接说："你看咱家都有这么多了，还买那么多干吗，别再买了！"这就剥夺了孩子的选择权和想象空间，孩子就会觉得自己处处受制于家长，自己完全没有决定的权利，与家长的关系慢慢也会变得很僵。

3. 让孩子自己承担选择的后果

在你引导孩子进行积极思考后，如果孩子仍然表示很想要这件东西，那么我们就尝试让孩子自己承担选择的后果，鼓励他在自己的能力范围内去购买，如自己攒钱买。

这里有一个问题，有些家长觉得只要孩子做对了，我们就要给他钱作为奖励。对于这种观点，我是坚决反对的。如果你经常这样做，那么孩子就会认为这是他应得的，也不会珍惜。

我曾接触过一个处于青春期的孩子，跟妈妈要钱，每次都是几万元几万元地要。当然，他的家庭条件很好，但妈妈仍然觉得吃不消，后来就跟我沟通。我了解到，原来从孩子小时候起，只要孩子某件事做对了，妈妈就会给他钱作为奖励，结果孩子就养成了这种习惯，并且越要越多。这其实就属于过度满足孩子的行为，结果因小失大，让孩子变得挥霍无度，想纠正都难了。

所以，给孩子花钱没错，但在花钱过程中一定要结合我刚才提到的思维方式，让孩子在花钱过程中产生思考。慢慢地，你就会发现，在经过几次思考后，孩子自己能控制自己的购买欲望了，当想要买某件东西时，他就会思考怎样用更好的方式得到它。对孩子来说，这既是一个认识金钱、学会理财的过程，也是一个很好的追求目标的过程。

4.3 "我为你好"就是真爱吗

曾经有一位刚刚生完二胎的宝妈找到我，向我咨询这样一件事：她的女儿今年7岁，上小学一年级。她的先生特别喜欢咏春拳，从女儿6岁起，就带着女儿学咏春拳。可最近孩子不想学了，而且抵触情绪很强烈，说以前都是爸爸让她学，她自己一点儿都不喜欢。她先生为此还批评了女儿，并坚决要求女儿继续学。她就有些疑惑：到底是继续让女儿学，还是尊重女儿的想法呢？

我相信这不是一个个案，这种情况在很多家庭当中都存在：孩子喜欢的、想学的，家长认为不好、没用，不同意；家长想让孩子学的，孩子又不喜欢，觉得没意思，不想学。结果，家长与孩子之间矛盾不断，严重影响亲子关系。

天下所有的父母都是爱自己的孩子的，但爱是什么形状的呢？有人说是三角形的，有人说是圆形的。其实都不是，真正的爱是由两个圆形拼在一起，最后形成一个心形。如果我们把这个心形拆开，你会发现它其实是两个圆形。

这说明什么？说明爱是不能以自我为中心的。"我为你好"不是真爱，真正的爱是有两个圆心的，是两个独立个体的相互吸引。所以，真正爱孩子的家长会懂得与孩子共情，会考虑孩子的感受，凡事懂得站在孩子的角度着想，努力去理解孩子的成长需求。

现在很多家长都有一个很大的误区，认为孩子在幼儿园阶段就要培养良好的学习习惯，否则就焦虑得厉害。其实不是这样的，幼儿园阶段应该培养的是孩子的自信心和自尊心，让他知道他是能够掌控这个世界的。我们为什么说孩子要在3岁前建立安全感？就是要让他知道这个世界是安全的、可控的。等孩子上幼儿园后，家长就要帮助孩子建立自信心，让他相信自己是优秀的、是有能力的。这两个关键期的基础打好了，以后孩子即使做错了事，也不会因为他人几句不好的评价或批评就失去自信、丧失自尊。

小学阶段是培养孩子兴趣爱好的时期。在这里我要提醒家长一下，我说的"兴趣爱好"跟你们认为的"兴趣爱好"可能不太一样。我说的"兴趣爱好"是指孩子真正喜欢、热爱的东西，而不是家长强加给孩子的那些所谓有用的、以后考试能加分的"兴趣爱好"。可很多家长就喜欢打着"我为你好"的名号，按照自己的意愿为孩子报各种课外班，有时甚至不惜花费巨资，却不去问问孩子，这些确实是孩子喜欢并愿意为之努力的吗？如果孩子不喜欢，只是为了应付你才不得不学，你认为孩子会学得快乐吗？会学到精髓吗？

真正爱一个人，应该让他成为最好的自己，而不是成为你心中

妈妈不焦虑 孩子更独立
——"共情"比讲道理更管用

最好的他。比如，在本节开头的案例中，我相信那位爸爸一定是为了女儿好，学咏春拳一可防身，二可健身，三可磨炼意志。这件事到底应该听爸爸的，还是应该听孩子的呢？孩子是因为对咏春拳没兴趣才不想学，还是因为感觉学起来太苦、太累才想放弃呢？

我想这才是问题的关键。这其实也在提醒家长，当我们与孩子讨论问题时，切忌就学习讲学习、就现象解决现象，你必须透过事情的表象去寻找本质，找到孩子要放弃的真正原因，这样才能解决问题。

那么，怎样解决这个问题呢？我的方法就是给孩子造梦。这个过程共有四步。

1. 认真地询问孩子的梦想

处在不同年龄段的孩子，梦想也是不同的，比如，我在三四岁时，跟着爸爸妈妈看电视剧《武则天》，虽然似懂非懂，但当时我觉得武则天好厉害呀，别人都乖乖听她的话，她想干什么就干什么，我长大了也要像武则天一样。而到了六七岁时，我又想当外交官了；再大一些，我觉得当一个校长很威风，因为学校里的老师和同学都会听校长的。

所以，很多孩子在不同时期的梦想是不同的。无论孩子当时的梦想是什么，你都可以顺着他梦想的这条线往下引。

2. 和孩子一起想象他梦想实现时的样子，调动孩子的情绪

现在很多孩子动不动就说："我长大了要当'网红'！"很多家长觉得孩子的想法很荒唐，于是开口便是一通打击，结果这一步你就走不下去了，与孩子的沟通也被迫终结，问题仍然解决不了。

当"网红"有什么不好呢？在网络如此发达的今天，当一名成功的"网红"应该是一件很棒的事。所以，别对孩子的说法过于焦虑，也别急着去打击孩子，我们当下的目标是激发孩子的学习热情，鼓励他去战胜困难，而不是极力去反对他的梦想。此时，你不妨和孩子尽情畅想一下，一旦孩子成为一名成功的"网红"，那将是什么感觉？一定很棒、很了不起。我们应通过这样的方式将孩子的热情调动起来。

3. 回到现实，找出当下面临的问题

通过畅想，孩子的积极性和热情已经被调动起来了。接下来我们要跟孩子讨论一下，如果要成为一名成功的"网红"，现在需要解决哪些问题。

比如，你可以问孩子："你认为'网红'需要具备哪些能力呢？"你还可以问孩子："'网红'需要有出色的沟通能力，你打算怎么做呢？"你也可以这样问："'网红'也要有真才实学才能一直红，那么你现在还欠缺什么呢？"

4. 问孩子应该如何解决当下的问题

通过上面的沟通，孩子已经回到现实，开始面对现实中应该解

决的问题。有了之前的铺垫，此时孩子已经开始思索自身的不足，以及应该如何努力、如何完善等。这时你再提一些自己的建议，孩子也容易听进去。

事实上，你在与孩子沟通上述问题的同时，也在了解孩子的真实想法。通过回答你的问题，孩子也会认真思考自己的问题。在人生这张考卷上，孩子可能答着答着，最后自己就得出结果了。只有孩子自己做的决定，他才能够坚持，我们只需做个陪伴者和支持者即可。这绝不是什么放纵和放任，而是让孩子在不断探索的过程中更加了解自己，更加清楚自己需要什么、适合什么。

总之，哪怕你真为孩子好，也不要动辄就打着"我为你好"的旗号要求孩子对你言听计从。对你来说，这可能是你的苦口婆心，是你对孩子的真爱；而对孩子来说，这可能是最让他反感的话。所以，我建议大家以后在与孩子相处中能记住这样几句话：第一，不管是在孩子的学习上，还是在孩子以后的生活和情感上，我一定要做到"正好你需要，恰好我在这"；第二，不是孩子不学习，只是我还没有让他了解到学习背后的真正意义；第三，不是我在要求孩子学习，而是我想让孩子体验幸福的人生；最后一句，也是最关键的一句，就是我才不着急。因为每朵花都有属于自己的花期，千万别在花期还没到时就妄下定论。

如果你记住了这四句话，那么我相信你的教育过程一定是愉悦和享受的，而孩子也能从中体验到你的浓浓爱意，并真正体验到人生的幸福。

4.4 "队友"不给力,妈妈怎么办

现在经常听到这样一句调侃爸爸的话,就是"父爱如山"——"爸爸像山一样,一动不动"。当然,也不是所有爸爸都这样,很多爸爸也会参与到孩子的教育中来,只不过有一部分不太给力,如动不动就训斥孩子,以"棍棒下面出孝子"的观念来教育孩子。

遇到这样的"队友",妈妈们应该很郁闷,所以我们的家长群里经常会有妈妈向我诉苦。有的说:"小渔老师,我跟老公今天又吵架了,他竟然因为孩子没考100分就要揍孩子!"有的说:"小渔老师,你说我老公是不是太过分?平时不见他管孩子,孩子稍有点儿不听话,他上来就劈头盖脸一通骂!"

这些家庭现象特别常见,我对妈妈们的心情也非常理解,那么我是怎样给她们支着儿的呢?

我通常会对她们说:"不必太在意,你就把爸爸当成天空来看好了。天空能一直晴朗吗?不能,它有晴空万里的时候,也有电闪雷鸣、狂风暴雨的时候,自然万物都是这样,何况人呢?所以大事化

妈妈不焦虑 孩子更独立
—— "共情"比讲道理更管用

小、小事化了吧。"

我之所以这样劝慰她们，是因为孩子将来是要适应社会的，而家庭就是一个小社会。我们没办法保证社会中所有人的性格、想法都一样，没办法保证所有人对你孩子的态度都一样，更没办法保证所有人的思维理念和价值观都一样，那么就请允许你的家庭当中出现这样一个小的社会环境。这样，孩子才能慢慢学会应对不同个性的人，才能在将来更好地适应社会。

所以我经常跟家长们说，在家庭中，事事为孩子大包大揽是一种溺爱，但还有一种更可怕的溺爱，就是你要求所有人都得对你孩子好，都得以最科学的方式教育你的孩子，在学校也希望老师、同学对你孩子好，这怎么可能呢？如果你有这样的期盼，那么这简直是对孩子最大的伤害。要知道，孩子的世界越单调，他将来人生的"长、宽、高"就越有限。一个人一生原本就在立体式地成长，需要多种多样的能量，这样才能更适应这个世界。而你为孩子营造的是一个"温室"，孩子在长大走上社会后，又怎么能够适应复杂的社会呢？

在家庭里面，不同性格、不同脾气、用不同方法处理问题的家庭成员，对待孩子的态度也不同，这其实也是对孩子的一种磨炼。所以，你不妨灵活地看待各种问题，然后去积极引导孩子。

那么，我们具体应该怎么办呢？

我有一个简单的小妙招，就是当孩子被爸爸莫名其妙地批评、指责时，你首先要保持冷静。因为妈妈的脸色决定孩子看世界的颜色，一旦你控制不住自己，跟丈夫吵起来，那么孩子的心理就会崩塌，他就会想："噢，原来以后我在遇到这种问题时也要有这样的反应啊！"这样一来，他的情绪就会比你更加强烈。而爸爸为什么吼他、他是不是真的犯错了，这些他根本不再关注。

因此，你要学会借力使力，借此机会来引导孩子思考。比如，当孩子被爸爸批评后，你可以这样问孩子："宝贝，你是不是不高兴了？爸爸这样做让你不开心了对吗？"先承认孩子的情绪，然后顺势引导孩子思考："如果你是爸爸的话，你会怎么做？"孩子很可能会说："我肯定不会这样做，我会跟孩子好好说话……"

这样一来，孩子就逐渐从中学会如何看待问题和解决问题。也就是说，将来当他遇到类似的事情时，他就会思考：除了像自己的爸爸那样发脾气，是不是还有更高级的处理方式呢？比如，耐心地跟对方沟通，倾听孩子怎么说，弄清孩子行为背后的原因等。

当然，我这样说并不是否定爸爸的权威，而是希望妈妈能借爸爸的一些"不给力"的表现来引导孩子进入一种思考模式，让孩子在这个过程中学会用更恰当的方式处理问题，而不是陷入埋怨、指责或者对爸爸的批判、怨恨当中。

除了爸爸吼孩子会让妈妈郁闷，还有一个问题让妈妈很"扎心"。

曾经有位妈妈向我诉苦："小渔老师，我们家孩子在学校和家里简直判若两人，在家里特别乖，在学校里就打架惹事。不仅如此，

妈妈不焦虑 孩子更独立
——"共情"比讲道理更管用

对我和他爸爸也这样，在爸爸面前很听话，在我面前就经常顶嘴，这是怎么回事啊？"

这种情况在很多孩子身上都会出现：一面是爸爸妈妈眼里的"乖宝宝"，一面又是学校里的"小霸王"。如果不是老师管不了叫家长，家长可能永远不知道孩子还有那样的一面。

有的孩子在爸爸妈妈面前的表现完全不同。比如，爸爸严厉一些，孩子在爸爸面前就很听话；而妈妈宽容一些，孩子在妈妈面前就会很"作"。

这种现象是怎么形成的呢？很简单，就是由家长的教养方式过于严格导致的。也就是说，你对孩子挑剔越多，他就越容易表现出"两面派"。一方面，他渴望像你一样，拥有强权，但另一方面他又对你很害怕、很排斥。因此，孩子就会陷入一种不断的自我否定之中，为迎合别人就会做出不同的表现，严重时甚至会出现人格分裂。

所以，当发现孩子出现这类行为时，你要做的不是急于去制止孩子，而是反思一下自己对孩子的教育是否过于严格了。如果有，一定要及时调整教育方式。

由此，有些家长又会陷入另一个误区：不能对孩子太严格，难道对孩子的不好行为也听之任之吗？

当然不是。在我看来，孩子是希望获得肯定的，你要发自内心地去寻找孩子身上的亮点，同时为孩子设立一定的规矩。但要注意，你设立规矩不是为了限制孩子的行为，而是为了让他在规矩当中增长智慧，学会更好地解决自己的问题。在孩子获得了更多的认可和鼓励后，他就能从家人、同学、社会那里获得安全感，并愿意呈现出自己友好的一面。

4.5 承认和接纳孩子的情绪

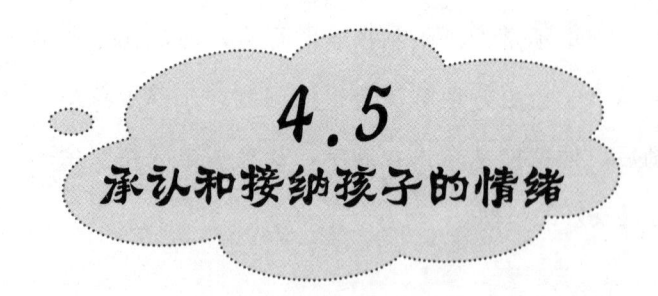

有一天晚上,一个家长给我打电话,请我快帮帮她,她女儿今天又提出不上学了,她特别无奈。更让她生气的是,她的丈夫不仅没有帮她安抚女儿,反而还没完没了地数落起女儿来,挑了孩子一堆的毛病。她丈夫平时对女儿要求比较严格,女儿当着爸爸的面不敢顶嘴,可爸爸一走,女儿便在家里摔起东西来,还大声跟妈妈嚷嚷自己就是不去上学。这位妈妈又气又急,无奈之下给我打了电话。

其实这种情况很常见。虽然我们经常说完整、温馨的原生家庭更容易培养出心态乐观、积极的孩子,但任何一个家庭里面都不可能完全没有争吵,爸爸和妈妈的育儿理念也不可能总是保持一致。

一般来说,在家庭中,妈妈会担负主要的教育责任,但爸爸也不能完全坐视不管。有些时候,爸爸在培养孩子时可能出现两种极端情况,尤其在养育女儿时。假如爸爸特别阳光、伟岸,对女儿呵护备至,从不大声说话、大声呵斥,那么会培养出什么样的女儿呢？

两个极端：要么是不谙世事的女儿，根本意识不到世上也有恶人存在，也不会灵活地去应对外界的人和事，更难以形成自己的人生观和价值观；要么是娇贵的公主、女王，事事以自己为中心，唯我独尊。这两种个性的女孩以后走上社会必然会吃大亏。

所以，爸爸完全不批评孩子也不见得是好事。如果爸爸脾气急躁，经常情绪失控，显然对孩子的成长很不利，这时就需要妈妈来进行调节。妈妈可以利用爸爸的这种表现来帮助孩子学会解决问题的能力。

比如，在本节开头的案例中，我在安慰完那位妈妈后告诉她，孩子摔东西其实是在向爸爸抗议，而你要做的就是先承认孩子的情绪，然后借由这个契机帮助孩子学会解决问题。你可以对女儿说："妈妈觉得你应该很伤心，你觉得爸爸那样跟你说话不对，是吗？"女儿能得到妈妈的理解，心里就会舒服些。接下来你再继续问女儿："如果换作是你，你打算怎么处理？是像爸爸那样大吼大叫，还是认真想一想怎么解决问题？"

通过这种方式，女儿就会逐渐改掉遇到问题大吼大叫、乱摔东西的毛病，继而努力思考怎样解决眼下的问题。

在我的指导下，那位妈妈终于不再那么焦虑了。

其实这种方法很简单，当遇到爸爸吼孩子或没完没了地对孩子

妈妈不焦虑 孩子更独立
——"共情"比讲道理更管用

进行说教时，妈妈就可以借机应用。久而久之，孩子在遇到类似问题时就会很骄傲地跟妈妈说："妈妈，你看我现在处事不惊，是不是比爸爸要淡定多了？"

如果你能通过恰当的方式让孩子养成这种面对问题、解决问题的思维方式，那么孩子就会成为一个特别棒的自我治愈师。因为有这样的爸爸，他们才获得了这种强大的能力。所以我在讲课时经常说，孩子会遗传父母的很多特点，但遗传也分为两种情况：如果爸爸妈妈的数学特别好、逻辑思维强，那么孩子可能就会遗传这个优点，这种遗传叫作正向遗传；还有一种是我们要引导孩子努力去克服的反向遗传，如果父母一方可能有暴躁、焦虑等情绪，那么另一方就要反向而行之，引导孩子通过扩展自己的思维去克服这种遗传，也就是要带领孩子逆流而上，完全背离这种遗传，而且这种反其道而行之的方式更能提升孩子的能力。

所以，我经常安慰家长群里的那些妈妈，告诉她们："你们的丈夫怎样对待孩子不重要，重要的是你们能够抓住其中的一些现象和契机去帮助、引导孩子，让孩子通过这种反面行为去形成一种正向的能力。"

具体来说，妈妈可以按照下面的步骤进行。

1. 承认孩子的情绪

要想引导孩子，首先必须承认孩子的情绪，让孩子知道你是理解他的。比如，你可以这样对孩子说："妈妈很理解你，爸爸那样说你让你很难过。"也可以这样说："你对爸爸刚才的处理方式有什么想法，可以告诉我吗？"

如果孩子向你表达情绪，你一定要表示认同，千万别试图去说教、劝解孩子，或者说"爸爸这都是为你好"之类的话，这只会再次把孩子推出去。如果孩子不想说，那么你也不要勉强，只需静静地陪着他。在孩子的情绪排解出来后，他就不会再寻找其他途径去宣泄，或者用其他手段去威胁你了。

2. 让孩子寻找缓解情绪的方式

在生活中，当我们心情不好时，一般会寻找很多方法来缓解，而不是拿着这些问题去要挟他人。也就是说，我们要找出引发这些不好情绪的原因是什么，如学习、作业、人际关系等。

在本节开头的案例中，妈妈除了要表达对女儿情绪的理解和接纳，还要通过观察和沟通弄清女儿不想上学的原因：是学习方面出了问题，还是孩子跟同学和老师闹了矛盾？

找到原因是很重要的一环。因为你只有找到真正原因，才能从根本上帮助孩子，而不是说爸爸批评几句，妈妈再安抚一番，孩子就心甘情愿地去上学了。

4.6 这些事家长千万不能做

家长通常都喜欢听话的孩子，并且很多时候为了让孩子听话，与孩子互不相让，甚至拿出家长的权威来压制孩子。但我要告诉你，这种教育方式只会让家庭教育变得越来越困难，让你和孩子之间的距离渐行渐远。

所以，在我的培训课上，当家长向我"诉苦"，说孩子太叛逆、不听话、太难管时，我都会问他们："你们知道孩子为什么这样做吗？"或者问他们："作为孩子最亲密的人，你们了解孩子内心的想法吗？"结果很多家长一下子就沉默了。

实际上，如果家长能够从旁观者的角度来观察孩子的种种"叛逆"行为，可能就会发现不一定都是孩子的问题。家长永远认为自己是对的，孩子必须听自己的，却没想到人无完人，自己也并非事事都做得正确、完美。况且孩子本来就是一个独立的个体，你又怎么能要求他事事都做得如你所愿呢？

所以，我经常跟家长们说，在孩子成长的路上，你只是一个引领者，不是孩子人生的决定者，孩子的人生要由他自己来决定。即使你拥有家长的权威，有些事也是千万不能做的。

那么，哪些事是家长不能做的呢？

1. 不要把孩子当成自己的亲人

很多家长看到这个标题可能很不解：为什么不把孩子当亲人啊？那是我亲儿子、亲女儿，我不把他（她）当亲人，当什么呢？

我想先问一下家长："如果你的领导、同事或朋友做了令你不满意的事，你会朝他们大动肝火吗？"

我想没有几个人会这样做。为什么不会这样做？因为他们是外人，我们要尊重对方独立的人格，我们会从对方的角度去考虑问题，我们与对方在很多事情上有清晰的边界，所以不会轻易越雷池半步。

但是，当回到家面对自己的孩子时，我们很难做到这样，为什么？因为你太把孩子当"亲人"了，没有尊重孩子的独立性，不会站在孩子的立场去考虑问题，与孩子之间也缺乏边界感，甚至认为孩子是自己的附属品，就应该听自己的话，所以说话、做事才会缺乏分寸和边界感。

这样做的结果是什么？结果就是孩子对你失控、对你不尊重，以及对你同样缺乏边界感。

在我研究的一些个案中，有些人往往已经五六十岁了，还经常

妈妈不焦虑 孩子更独立
——"共情"比讲道理更管用

因为一点儿小事,与人大吵大闹。在引导他们进行回忆时我发现,在这些人小时候,他们的父母就经常因为一点儿小事对他们发脾气、挑剔、打骂,并且还什么话都跟别人说,结果就让他们形成了一种内疚型人格。他们长大后,也会以同样的方式对待父母,因为他们认为这些问题就是这样处理的,父母以前就是这样做的!而且他们也缺乏边界感,不知道哪些是该说的、该做的,哪些是不该说的、不该做的。

现在你明白我说的"不要把孩子当成自己的亲人"的意思了吧。就是因为你太把孩子当"亲人"了,才会毫无顾忌地对待孩子、挑剔孩子。相反,如果你把孩子当成"客人""外人",那么在与他沟通时,你是不是就会更懂得尊重、更有边界感了呢?

2. 不要与孩子较劲

孩子从3岁起就开始知道自己喜欢什么、不喜欢什么,并且开始反驳爸爸妈妈说的一些话。但从道德层面来看,孩子并不能理解自己的反驳是对是错,有时他只是为了宣誓自己拥有强大的"自主权"而已。这时如果你非要跟孩子较劲,或者不允许他这样说、不允许他那样做,那么孩子就会产生一种本能的反应:你越不允许我这样做,我越要这样做。结果可想而知,亲子关系陷入僵局。

实际上,当你想让孩子做什么或不做什么时,采取指责、批评等方式比较出一个你错我对的结果是最无效的,反而不如直接告诉他到底应该怎么做。

在我以前带的班中，有一个小女孩，她在写字时身子总喜欢动来动去。有一次，她妈妈就跟我说："小渔老师，你看我家孩子啊，一写作业身子就歪歪扭扭的，就像怎么坐都不舒服一样。给她换了几把椅子，也多次纠正，就是改不了，这怎么办呀？"

后来有一次我去她家家访，看到她正扭着身子坐在桌前写作业，我就走过去说："××，你今天写作业很认真哦！老师今天要教你一个动作，你学会后坐姿就会非常漂亮。"然后我就拿来一个凳子，给她做示范。我说："你看，现在双腿并拢，身体离桌子一拳远。你再看看老师是怎么拿笔的哈，老师写字时眼睛离书本的距离是多少呢？现在你来试试吧。"

她一开始有些害羞，但还是按照我说的做了一遍。我说："哇，你现在的姿势非常好看，老师给你拍张照片吧。"

回去后，我把这张照片发给她的妈妈，让她把照片打印出来挂在孩子学习的书桌前。这样孩子在写作业时就会看到老师给她拍的照片上自己标准、漂亮的坐姿，自然就会模仿了。

所以请大家记住一点，孩子对语言的理解能力有限，有时可能真的听不懂，你直接告诉他怎么做，反而比你用嘴不停地"唠叨"他效果更好。

3. 对孩子的一些行为不要立即制止

有些家长一看到孩子做出自己看不惯的行为时，立刻就会制

妈妈不焦虑 孩子更独立
—— "共情"比讲道理更管用

止。从表面上看,这是在纠正孩子的言行,殊不知这样粗暴地制止孩子很容易引起孩子的反感。

当然,孩子因为心智不成熟,在成长过程中不可避免地会出现一些不当的言行或不好的习惯,这时我们应该怎么办呢?

我认为最好的办法就是用更积极、更有意义的事情来吸引孩子的注意力。比如,孩子正在玩电脑游戏,家长发现后很生气,于是不管孩子玩了多久,上来"咔嚓"就把电源切断。结果呢?两个人吵了起来,关系闹僵。

其实,当我们面对孩子的一些不当言行时,不妨先冷静下来问问自己:这件事需要立即制止吗?它有没有积极的一面呢?比如,孩子打电脑游戏的积极作用可能是提高孩子的反应能力、让孩子学会集体作战、增强孩子的竞争意识等。这些积极的作用给我们的反馈就是多在生活中给予孩子一定的成就感和积极的鼓励,促使他与现实中的人去互动,从而提高自己的竞争意识,找到自己的价值。

也就是说,透过孩子的一些言行,我们要努力发现孩子真实的心理需要或优秀品质,然后根据孩子的真实需要去满足他,去积极地强化孩子的那些优秀品质。如果能认识到这些,我想你就不会那么鲁莽地行动了,孩子也不会处处跟你对着干。

Chapter 5

第 5 章

智慧沟通：
共情比讲道理更管用

亲子沟通是一门艺术，更是一门学问。很多时候，当妈妈面对沉浸于负面情绪中的孩子时，总是很焦虑，不管是给孩子讲道理，还是对他进行批评、发脾气，孩子都不理会。不仅如此，孩子还会将亲子关系的大门紧紧关闭，根本不让大人走进内心。问题出在哪里呢？说到底，不是因为我们的孩子不听话，而是我们的话根本没有说到孩子的心坎儿里去。聪明的妈妈一定要学会运用正向沟通走进孩子的内心，而共情是运用正向沟通的第一步。你只有通过共情，才能用爱的源泉浇灌孩子这棵小幼苗。

5.1 这样说，处于青春期的孩子不叛逆、更爱听

自从我开始在微信群里进行直播课后，很多家长都愿意把自己孩子的案例拿出来分享，这不仅为我的课堂提供了生动的个案，还代表了很多妈妈对我的教育理念的信任，这让我真心感动。通常我会选择一些非常有代表性的案例，在征得家长同意的前提下，把它们拿到课堂上与大家一同分享，来解决一些共性问题。

在众多话题中，青春期叛逆是很多妈妈最关心的话题。记得有一次，一位妈妈跟我分享了自己家孩子的两个案例，在这里我拿出来与大家分享一下。

第一个案例 有一次妈妈和儿子两个人一同散步，妈妈发现儿子穿着夏天的裤子。于是，妈妈说："儿子，现在是春天，你怎么穿着夏天的裤子？"儿子说："我里面穿秋裤了。"妈妈说："你为什么不穿一条春天的裤子？这样多省事啊！"儿子说："穿一条春天的裤子太厚太热了。"妈妈说："秋裤加一条夏天的裤子比一条春天的裤子还要厚，你为什么不热？"儿子有些不耐烦了："是我穿又不是你

穿，你管那么多干什么？我自己热不热我很清楚，每次穿衣服你都管那么多。"妈妈当时就被反驳得无语了。

第二个案例　有一天晚上，妈妈对儿子说："儿子，你晚上洗澡时换下来的内裤自己洗。"儿子随口答应下来，但没有马上行动。妈妈马上说："你现在去洗呀，你前天、大前天的内裤都还没洗呢，都堆在那儿了。"儿子有些情绪了："好了，知道了，知道了，我一起洗。"这时妈妈见儿子拿着一堆内裤要往洗衣机里放，马上出来阻止："内衣不能用洗衣机洗，只能用手洗，洗衣机里面的细菌太多了。"儿子说："洗衣机就是用来洗衣服的呀，为什么有细菌呢？我不管，我就要和其他衣服一起洗。"看到儿子的态度，妈妈很无奈。

这两个案例其实是很多妈妈都会遇到的情况。有时候妈妈对孩子的行为就是看不惯，尤其是处于青春期的孩子表现出的各种另类行为，于是忍不住就会进行各种提醒。可结果往往是不仅自己说的话没起到作用，而且彼此还会闹得不愉快，让整个家庭的气氛变紧张。这时，妈妈的头脑里可能会冒出无数个问号：我应该怎么和孩子沟通，他才不会反着来呢？

对处于青春期的孩子，妈妈一定要在观念上明确方向，在语言和行为上与孩子保持清晰的边界。如果妈妈过于强势地指责孩子，孩子就会感觉到边界被侵犯了——你侵犯了我的领土，你就是敌人。

处于青春期的孩子更希望通过合作来解决问题。如果妈妈能够

妈妈不焦虑 孩子更独立
——"共情"比讲道理更管用

和孩子协商一致，而不是用命令式的语气和孩子沟通，那么效果就会好很多。比如，在前面那位妈妈分享的案例中，妈妈想让孩子学会如何穿搭、如何洗衣服，这本来是上小学时父母应该帮助孩子养成的生活习惯，可是有的妈妈在孩子读小学、初中时没有这样去做，到了高中马上让孩子去适应，孩子的内心肯定是反抗的。孩子之前已经养成了一种习惯和思维模式，到了青春期你马上让他去适应另外一种习惯和思维模式，他的内心一定会有一种本能的排斥。这时我们应该怎么去说孩子才会听呢？

1. 凡事与孩子商量，并让他做选择题

我们在与孩子聊天时，最好像与同事聊天一样，以一种解决问题的态度去聊天。有的妈妈可能觉得："我在单位每天都戴着面具与人聊天，家是可以放松的地方，难道也要这样做吗？"是的！很多人因为在家里没有把自己当外人，对待亲人也没有边界感，所以有时候根本解决不了问题。而要解决问题，一定要拿出解决问题的态度。

对于处于青春期的孩子，我们不要把他们当成私人物品。从某种意义上而言，夫妻之间、父母与孩子之间，其实都属于一种合伙人的关系。如果我们想要帮助孩子解决生活、学业中的问题，就一定要有合伙人的心态。当然，我们以"合伙人"的身份给予孩子的陪伴时间和支持力度，肯定是其他人比不了的。

在与孩子商量一件事时，我们要拿出合伙人的态度。我们平时

在遇到问题时是如何与同事商量的？我们肯定要先听听对方的建议。对待孩子也是这样，先听一听孩子的建议和想法，然后再与孩子说一说我们的想法，让孩子根据建议的利与弊进行选择，从而促使双方达成一致。

比如，在前面那位妈妈分享的案例中，你可以先问一问孩子非要用洗衣机洗内裤的原因。你先听孩子讲出来，找到他的情绪问题所在。孩子可能会说："我就是觉得手洗很麻烦，很浪费时间。"这个时候你就能从侧面了解到，孩子可能现在学习时间比较紧迫，或者他感受到了大人的情绪压力。如果一个人感受到了情绪压力，就容易犯懒，什么事都不愿意做。只有当一个人拥有轻松愉悦的情绪时，他才愿意去做事，而且意志力很强。

2. 解决孩子的情绪问题

在你了解了孩子的看法和背后的原因之后，你就可以着手解决孩子的情绪问题了。你可以这样说："宝贝，你最近是不是忙不过来呀？最近作业是不是特别多啊？是不是老师又给你们压力了啊？"你这样替孩子去澄清情绪，可以引导孩子从行为表象去关注本身的情绪问题，这样孩子才不会被情绪控制。

如果你今天管孩子怎么洗衣服，明天管孩子怎么穿衣服，那么他的内心一定会被焦虑所控制。而且你的参与只是解决了现象问题，没有解决本质问题。你只有先解决本质问题，去澄清孩子的情绪，孩子才会认为你是懂他的，这时孩子的问题才能真正地得到解决。

3. 找到孩子行为背后的积极意义

什么是行为背后的积极意义？就拿孩子在夏天的裤子里面穿秋裤这件事来说，处于青春期的孩子穿衣另类是正常的现象，他们想通过这样的穿着去体验和感受不一样的人生。想一想，我们每个人是不是都有过这样的青春体验？

所以，我们首先要明白孩子的内在需求，然后再给孩子一些积极的建议。你可以这样说："我觉得你这样穿还挺有个性，而且这样穿舒服感也增强了。"当你以这种幽默的方式去诠释孩子的行为时，孩子就会觉得凡事你都能看到积极的一面，这时孩子就愿意接受你的观点。

当你再让孩子做任何事情时，你还要给出理由。当你拿出可以让人信服的理由时，孩子才会更加相信你，任何单纯的命令只会让双方的矛盾加深。

在亲子沟通时，你还要用利己思维力来表达。也就是说，你要站在孩子的立场来考虑问题。比如，你想让孩子穿你希望他穿的衣服，这是一种利他表达。你要让孩子感觉到这是他想要穿的衣服，而不是你要求他穿的衣服，这才是从孩子的角度考虑的利己思维力。当你把理由阐述得很有科学道理，并从孩子的角度来考虑问题时，孩子的内心就会愿意接受你。

对处于青春期的孩子来说，这种利己思维力非常重要。不论是在平常的学习中，还是在中高考等关键考试中，这种利己思维力对孩子都有很大的帮助。以学习这件事为例，你可以这样说："孩子，你知道吗？其实学习本无意义，是你赋予了它应有的意义。妈妈发现学习的意义在于你可以发现真正的自己，你可以通过别人的话来认识真正的自己，你可以通过认识自己找到自己的天赋与才华，并且淋漓尽致地绽放自己的人生。这才是真正的人生！"当你这样表达的时候，孩子会通过你的语言描述体验到那种绽放的感觉。

想要孩子有一个灿烂的人生，你就要在给孩子不断筑梦的过程中去教育孩子，而不是按下负向确认键——孩子的选择是错的，你的想法才是对的——如果你一直这样，你的孩子就会失去对人生进行探索的动力。这绝不是我们想要的教育。

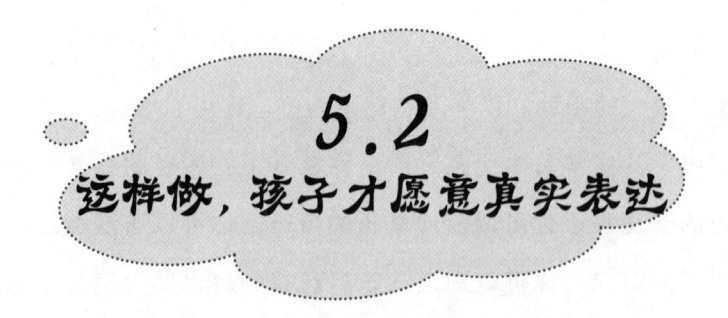

妈妈不焦虑 孩子更独立
——"共情"比讲道理更管用

5.2 这样做，孩子才愿意真实表达

情感养育的本质是培养关系，关系是情感养育的根基。在世界上，人与人之间会形成一张大的关系网。正因为有了关系，所有的问题才得到了解决；正因为有了关系，我们才能创造财富；正因为有了关系，我们才能获得幸福的生活。所以，构建关系是一切的基础。

我在本书中提到了很多构建亲子关系的方法，俗话说"技多不压身"，在这里我再告诉大家一种方法，用这种方法可以快速化解亲子矛盾，并建立和谐的亲子关系。这种方法不仅适用于各个年龄段的孩子，也适用于夫妻之间。我在这里主要讲如何结合孩子的性格和需求，去聆听孩子的真实表达。

妈妈与孩子之间产生矛盾，主要是因为有时候妈妈听不到孩子内心真实的声音。在建立亲子关系时，你能够听到孩子的真实表达，对沟通来说是非常重要的。你只有听到孩子的真实表达，才能知道孩子内心的需求，才能打开孩子的心扉，才能了解孩子真实的内心世界。在这种沟通过程中，你与孩子之间才能建立一种和谐的亲子关系。这样孩子就很容易接受你在今后给他提出的建议，从而在社会上构建更为和谐的人际关系。

亲子关系的矛盾主要源于家长与孩子的需求不同。比如，你的孩子今天想要静一静，而你特别想关心他；你的孩子明天想要获得安慰，而你对他发脾气；你的孩子特别渴望你能带他出去玩一玩，而你告诉他没有时间；你的孩子特别渴望你能够理解他或者陪他一起去做一件事情，而你除了对他批评、指责，还否定他的兴趣和爱好。一旦你的批评、指责、否定脱口而出，孩子就会认为你根本不懂他的内心，就会对你关上心门，从此你很难再听到他的"真实表达"。

如何听到孩子的真实表达呢？我通过一个真实的案例来为大家提供五个步骤，帮助大家打开孩子的心门。

我记得有这样一个高中二年级的男孩子，他特别喜欢追明星，尤其是一些女明星。他收藏了很多明星的海报、照片、视频等。因为沉迷于追星，他的学习成绩明显下降。有一次考试成绩非常不理想，妈妈知道后大发雷霆，就想把那些明星的海报、照片全部撕掉。孩子见妈妈真要这样做，也表现得特别愤怒，两个人发生了激烈的争吵。孩子一气之下，摔门而去。

此后在很长一段时间内，孩子都不愿意和妈妈说话，妈妈尝试了很多种办法也没有效果。于是这位妈妈向我求助，我让妈妈带孩子来我这里。第二天，妈妈带着孩子来到我的办公室。尽管孩子心

妈妈不焦虑 孩子更独立
——"共情"比讲道理更管用

不甘、情不愿，但还是和妈妈一起来了。在整个过程中，那个孩子始终一言不发。

我的办公室里有两间屋子，一间屋子里放着沙盘，是我给孩子们上课的地方，另一间是我办公的地方。我把妈妈叫到我办公的那间屋子里，告诉妈妈一会儿让她与孩子进行一个深度的沟通，现在我要指导她应该怎么去说。

接下来我把这个场景还原一下。

1. 创造一个正式的环境

我们三个人来到放有沙盘的房间，这是一个非常正式的环境。为什么要强调正式的环境呢？因为在正式的环境中沟通会给孩子一个正式的态度。

这种方法每个家长都可以拿来试用。当你观察到孩子在一段时间内情绪不佳，或者与你的关系越来越疏远时，你可以用这种方法来试一试。比如，你可以在孩子和你都不忙的时候，拿出10～20分钟的时间，把孩子叫到房间里谈一谈；或者在请孩子到外面吃饭时，你可以正式地与孩子谈一谈。

2. 向孩子表达你的情感

在这种正式的环境中，我开始让妈妈向孩子表达自己的爱。刚开始，这个妈妈特别地拘谨，但我还是鼓励她去做。我告诉这位妈妈必须说出来，这样孩子才会真正不设防，才能真正听进去妈妈说的话。

这位妈妈鼓足勇气，尝试着说："儿子，其实我特别关心你。我也知道你特别爱妈妈。"当妈妈说完这句话时，孩子的表情马上就放松下来了，眼里还有了眼泪，只是强忍着没流下来。当你向孩子表达自己对他的爱时，孩子就很容易接受你。

接下来，这位妈妈说："这段时间你不理妈妈，是不是还因为妈妈想把你的海报撕了而生气？你是不是对妈妈有意见呢？"在妈妈把这句话说完之后，孩子的心扉就已经被打开了，整个磁场也变得非常舒服。这个步骤就是要妈妈确认一下孩子这段时间不理自己的原因。

3. 表达自己当时的感受

然后，妈妈开始表达自己的感受。妈妈这样说："是的，我当时想把你所有的海报都撕掉。我之所以想那样做是因为我太着急了，我看到你因为这件事不学习，而且成绩下降了，我的内心非常痛苦，而且找不到办法，我感到非常无助。但是如果我这样的行为让你难过，那么妈妈向你道歉。"在说完这些话后，这位妈妈哭了，孩子也哭了。

4. 寻求孩子当时内心的感受

这位妈妈继续按照我的方法说下去："你能告诉我，在我做出这

妈妈不焦虑 孩子更独立
——"共情"比讲道理更管用

种伤害你的行为之后你的真实感受是什么吗？"这时孩子揉了揉眼睛说："我当时就觉得你不爱我了，我觉得我不想有你这样的妈妈，我想让你消失在我的生活当中。但是我又很自责，我觉得我不是一个好孩子，我觉得我没有办法让你们满意，我觉得我做什么都是错的，我觉得我特别无能。"

5. 给孩子一个正向的反馈

当孩子能够通过这样的沟通方式真实表达自己的自责感时，妈妈就要给孩子一个正向的反馈。当时这位妈妈哭了，马上上去抱住了自己的儿子，因为这位妈妈真的非常心疼。妈妈说："儿子，妈妈从来都没有瞧不起你，妈妈从来都不认为你是一个坏孩子，妈妈也从来不认为你是一个无能的人。事实上，你有很多事情让妈妈非常满意，你非常地孝顺，你对妈妈特别好。记得有一次妈妈腰闪了，你为妈妈穿鞋。还有你每次都会帮妈妈取快递，并打开快递盒子取出里面的东西，还把快递盒子扔到楼下垃圾桶里……很多细节妈妈其实都是看得到的。"

在孩子真实表达自己的感受之后，你要适时给孩子一个正向反馈，抓住他的需求点，对他的误会或者你对他的表现方式的误解进行解释，并且说出你真实的想法。这就相当于为母子之间的关系注入了"强心剂"。这种模式就是一种深度沟通。

通过以上五个步骤，这位妈妈和孩子之间的紧张关系很快就缓解了。最后我要强调的是，在每一个步骤中，你说话的内容都要由浅入深，都要抓住人性需求的本质，直击人的心灵，找到人的最底层需求，这时你与孩子之间的问题就会迎刃而解了。

5.3 这样唠叨，才能让孩子重获力量

有一次，我被一位刚进训练营的家长请到家里，她想进一步了解一些关于教育孩子的方法。正值周末，她的儿子在家看电视。这位妈妈对儿子说："儿子，现在关掉电视，去屋里写作业吧，我要和小渔老师聊聊工作。"

此时小男孩已经完全沉浸在电视节目里，完全没有理会妈妈说的话。妈妈过去拉了拉孩子的衣角，说："儿子，咱们要关掉电视了……""不要，我还没看完呢！"小男孩显得很不情愿。这位妈妈有些不好意思地看看我，我说："让孩子看吧，咱们去屋里聊！"

这位妈妈显然有些下不来台，转过头来开始对儿子进行"攻击"："你这个孩子怎么这样？没看到我和老师有事情要做吗？你要再这样下去，我就把电源关掉。"足足十几分钟，这位妈妈的"枪口"一直没有停。我劝了又劝，也没能阻止这位妈妈停下来。显然这位妈妈的内心已经开始爆炸了。最后我只能告诉这位妈妈改天再约，这位妈妈觉得非常过意不去……

其实不只这位妈妈会遇到这样的问题，很多家长都会遇到类似的令人头痛的情况：让孩子停止手头上的事，然后去写作业、去睡觉，而孩子总会无视我们的要求。这时很多家长会采取两种方式回应：要么不停地唠叨、威胁孩子，就像上面的这位妈妈；要么压抑自己，不予回应，其实不回应是最大的回应。结果呢，孩子还是若无其事地做自己的事，家长的心里马上就会生成一颗小炸弹，随时可能爆炸……

无论是不停地唠叨，还是压抑自己，其实都是极端的选择，都会给孩子带来巨大的情绪压力。这时应该怎么办？我们既不要过于唠叨，也不要压抑自己，我们可以选择一种居中的做法，让唠叨变得有效。此时你可以进行真实的表达，这样的语言调整不仅不会给孩子带来压力，反而能够为他助力。

那么，家长如何"唠叨"会更有效呢？最好的办法就是用"唠叨"教会孩子重获力量。所谓的重获力量，就是你承认孩子的情绪，并表达出对它的理解。一个人活在这个世界上，只要能够被理解、被懂得，就能获得真正的力量。

为了让孩子重获力量，我们可以采取五个步骤。

1. 给你的孩子加油打气

每个孩子到了自己人生关键的路口，都是需要家长加油打气的。那么，家长如何给孩子加油打气呢？关键是重复孩子的感受。重复这个行为会给孩子带来不一样的感受，这就是加油的过程。

妈妈不焦虑 孩子更独立
——"共情"比讲道理更管用

比如，你发现孩子在玩手机而没有学习，这时先不要发脾气，你可以走过去对孩子说："宝贝，我看到你今天没有学习而是在玩手机，是不是最近学习压力太大了？"或者这样说："今天老师布置的作业题应该不简单吧？所以你感觉有压力，想玩手机休息一下？"当你了解到孩子玩手机背后的真实原因是想休息解压时，你就可以把这样的情感需求重复表达出来。听到你这样委婉的表达，你的孩子自然就更愿意接受你的建议，更愿意去主动成长。

2. 千万不要给孩子贴上人格标签

在这个过程中，你一定要记住不要给孩子贴上人格标签。比如，"这都什么时候了，你怎么一点儿都不着急呀""你怎么还这么慢呢""你怎么这么没心没肺呀"，用这些语句来说孩子都可以算作给孩子贴标签。一旦给孩子贴上标签，孩子的逆反之心就会随之而来。所以，千万不要给你的孩子贴标签。在你的语言表达当中，你要把人与人之间的错误分离开。

在你承认了孩子的情绪，并且表示出对他的理解之后，你可以阐述你的心情、理由和建议。你可以这样说："宝贝，我看到你玩手机（行为）了，此时（面临考试）我的心情是比较复杂的。我知道你比较焦虑，我也很焦虑。现在是学习的关键阶段，你需要提高一下学习效率，所以我建议你可以在紧张忙碌的时候去做一些家务，等自己真正放松下来再去学习，效果会更好。"

这时你一定要在对重获力量的理解之上，将你的所听、所看、所想，以及你的心情、理由、建议，向你的孩子表述出来。

3. 把孩子的进步归因于他个人的努力

我们一直强调要鼓励孩子、表扬孩子，可是如果我们表扬不到位、表扬语言有误，那么对孩子来说，这种表扬就是一种被你施加的反作用力。

比如，你对孩子说："宝贝，你下次考得一定会更好，你一定能考上一个更好的大学，你下次一定比这次更有进步。"这个"更"字会给人带来什么样的感觉？"更"会给人带来一种压力。对现阶段的孩子来说，他只想拥有一种安全感，他不想实现太多的超越。对他们来说，这样的表达方式只是一种外部力量的施加。

我在前面提到过，我们要表扬孩子的行为过程，而不是行为结果。考试考好、考上大学等描述，其实就是在强调行为结果，这样给孩子带来的是反作用力。但是如果我们强调行为过程，就会起到加油的作用。这时我们可以这样说："孩子，你这次比上次有进步了，妈妈看到了你整个努力的过程。"也就是说，在表扬孩子时，你只需要强调过程，绝对不要去强调结果。

你对孩子的表扬一定要形成一个内归因，把孩子的进步归因于他个人的努力。这时你的孩子才不会处于压力之下，才能更好地活在当下，才能保持一个更好的状态。

4. 多做"内在小孩"的冥想

我在亲子训练营的微信群里发现了很多"消极预测"的妈妈。有一次，我和几个妈妈在课后通过微信闲聊。一位妈妈向我说："我家孩子现在不好好上网课，到时候考试怎么能考得好呢？"这时另一位妈妈紧跟着说："我家孩子也是这样，现在天天玩手机，天天熬夜，到时候考试可怎么办呢？考不上好学校又如何找一个好工作呢？"这时微信群里炸开了锅，最后我不得不屏蔽掉这些对话……

让我意想不到的是，我们周围竟然有这么多"消极预测"的妈妈。其实我们细想一下，所有的"消极预测"都透漏出这样的潜台词：这是个人"小我"的一种宣泄。如果大家再有这种"消极预测"，就可以告诉自己："这一切并不是真的，这一切都是假的，这是我的'内在小孩'在哭泣，这是我的'内在小孩'在无助状态下的一种情感发泄。"这时最好的解决办法就是在这段时间内多做"内在小孩"的冥想，让自己从"消极预测"中走出来。

5. 将唠叨变成有效的催眠术

每一位家长都是孩子最好的催眠师。那么，家长如何将唠叨变成有效的催眠术呢？你有这样几种方法可选。

1）在孩子状态好的时候，对孩子的状态进行描述

当你看到孩子正在走路时，你暗示他："宝贝，你今天的状态不错，感觉你走路都带风啊！"或者这样说："宝贝，你今天看起来红光满面啊！"这样的描述能够给孩子带来积极暗示——他的状态的确很好。

2）通过选择来带动孩子

当孩子无法进入学习状态时，你可以这样说："宝贝，来帮妈妈把这些碗摆好，然后你再去学习。"这个选择告诉孩子，你想让他先做什么，再去做什么。你通过具体的事去带动他，把孩子从焦虑、痛苦的状态中拉回到现实的状态中来。

3）给孩子提供双向选择

如果孩子不起床，你可以告诉他："宝贝，你是再睡10分钟起床，还是再睡20分钟起床呢？"这是给孩子提供双向的选择权。

4）情绪暗示

情绪暗示可分为积极暗示和消极暗示。比如，当你的孩子情绪不好时，你可能会这样说："宝贝，你别着急，你千万不要紧张。"其实这些都是消极暗示。积极暗示应该是这样的："宝贝，开始深呼吸，然后闭上眼睛、转转眼球，做一下腹式呼吸，让你的身体像云朵一样完全放松下来。"你要让你的孩子完全放松下来。

以上这些是我总结出来的让孩子重获力量的五个步骤。归根到底，在孩子成长的关键阶段，我们提供的所有方法都是为了给孩子减轻压力，都是为了给孩子提供主动成长的力量。作为家长，我们一定要明白孩子出现的一切问题都是投影源的问题，也就是父母的问题。我们只有把自己这个投影源擦干净，才能投射出更美好、更清晰的影像。

5.4 这样道歉，孩子会更懂事

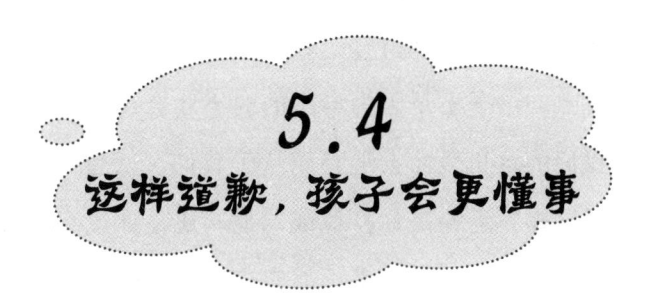

我们常说妈妈是这个世界上最伟大的人，爸爸是这个世界上心胸最宽广的人，但真实的情况并不是这样的。这个世界上最伟大的人其实是我们的孩子，孩子唤醒了我们内心的责任感，孩子总是在不求回报的情况下无条件地付出。哪怕你骂他、打他，他依然深爱着你，对你不离不弃，这就是我们伟大的孩子。

我遇到过很多这样的例子。有一次我和女儿去逛商场，正当我们在试衣服的时候，远处传来了"哇哇"的哭声。我和女儿循声望去，原来是一个六七岁的小男孩正在地上撒泼打滚。妈妈在旁边好言相劝，可小男孩就是不听，还是继续哭闹。

这时周围的人都围了过来，妈妈觉得面子挂不住了，上前在孩子的屁股上打了几巴掌。"你再不走，我就不要你了！"妈妈说完转身离去。这时那个小男孩立马爬起来，在后面追着妈妈哭喊："妈妈，我不哭了，我再也不哭了，你别不要我……"女儿看着这个场面，眼睛红红的，我的心里也很不舒服。

妈妈不焦虑 孩子更独立
——"共情"比讲道理更管用

这样的场景在我们的生活中是不是经常出现？可能很多人觉得这样的孩子太不懂事了，非得打一顿或吓唬他一下，他才知道家长的厉害。事实上，孩子不是因为自己的弱小才会选择屈从于我们，而是出于对我们的这份爱才会选择屈从于我们。试想一下，你的孩子是不是也是这样？无论是你打他或骂他，还是你说不要他，他都永远不会离开你。所以，每个家长都应该好好想一想我们是怎样对待自己的孩子的，以及我们是否应该对自己的孩子常怀敬畏之心和感恩之心。

可能有的父母会说："我也想给孩子更多的关爱，可是一看到他只玩手机、不写作业，我就非常生气。"其实这是一个本末倒置的问题。我在前面说过，不是你的孩子玩手机、不学习这件事让你生气，而是你的情绪不稳定让你选择了先生气、先焦虑。在这种情绪的引导下，孩子才会爱玩手机、不爱学习。所以你一定要弄清楚这样一个事实，不是孩子错误的行为导致你产生了不良情绪，而是你的不良情绪对孩子的行为产生了错误的引导。

这个道理很多人都明白，可是如果你没有管理好自己的情绪，与你的孩子起了冲突并伤害到了他，这时你应该如何去补救呢？这时最好的办法就是学会道歉。

1. 学会感同身受的能力

很多父母常因为一些小事对孩子发脾气或一冲动就打了孩子，过一会儿自己就会感觉内疚。有内疚感就会想着如何去弥补。大多数父母会通过一顿美食或一个玩具来婉转地表达自己的歉意，而孩子则通过接受美食或玩具表达自己的原谅。这其实是大多数中国父母在情感养育上的一个共性问题。在孩子渐渐长大后，你就会发现你的孩子和你的脾气越来越像了：如果你爱发火，他也会爱发火；如果你喜欢冷战，你的孩子也会喜欢冷战。这显然并不是你想要的结果。

如果我们换一种积极的表达方式，结果肯定就会变得不一样。如果我们能够正确地表达自己，并在事情发生后积极地面对和处理问题，那么我们的孩子在今后就会成为一个善于表达自己情感的人。

比如，你与孩子因为玩手机的事情发生了争吵，你一怒之下把孩子的手机摔碎了。这时你的孩子会非常伤心，也不会再理你了。当你意识到自己的行为的确过分时，你要这样向孩子道歉：

第一步，要说"我知道"。你可以这样说："宝贝，我知道我刚才的情绪让你非常愤怒，我知道我刚才的行为伤害到了你，我知道你现在非常生气和伤心。"

第二步，要说"我也会"。接着，你要这样说："当我看到我刚才发脾气对你造成了很坏的影响时，我很自责，我觉得我的行为确实不妥。"

妈妈不焦虑 孩子更独立
—— "共情"比讲道理更管用

这两步的核心是什么？核心就是感同身受。感同身受就是用同理心去理解和感受孩子的痛苦。我们在道歉的时候，一定要先对我们的行为给孩子的安全感带来的破坏进行重建，给孩子重新建立心理安全感。在此基础之上，我们再去向孩子说"对不起"，孩子才会觉得真实可靠。如果我们直接对孩子草率地说"对不起"，那么孩子就会觉得这不真实，而且这样的道歉也是毫无效果的。

2. 用"与此同时"代替道歉结尾的"但是"

我们道歉的最终目的是有建设性地去解决问题。在这个时候，我们要重拾最终的目的。但在道歉过程中，大多数家长常犯这样一个错误："孩子，真的很对不起，妈妈知道自己刚才做错了，但是……"很多事情都是坏在"但是"上，一个"但是"会让你先前的所有努力功亏一篑。

这时候如果我们用"与此同时"代替"但是"，效果就会不一样。比如，我们想让孩子学习而不是玩手机，这个时候可以用"与此同时"这四个字去提出我们的建议。"与此同时"代表着两件事情同等重要，没有孰轻孰重之分，两件事情在孩子心目中的地位是平等的；而"但是"展现出来的是一种高下相倾的状态，孩子就会与你的比较行为产生对抗，从而忽略事情本身。

这时我们可以这样说："宝贝，我知道你现在喜欢玩手机，而且手机也确实让人感到放松和快乐，我非常理解你玩手机这种行为。与此同时，现在马上要期末考试了，你的学习进度和玩手机一样重要！"当你在表达中公平地对待这两件事时，你的孩子才会在心里面愿意接受你的建议。

3. 在道歉后加入拥抱、关爱的眼神等仪式

在对孩子表达完歉意之后，你还要加入一些仪式，如给孩子一个关爱的眼神，或给孩子一个大大的拥抱，以表现你的诚意。

一个关爱的眼神会让孩子感觉到你是爱他的，而不是控制他，这时孩子也更愿意接受你有感而发的道歉和建议。同样，拥抱、拍拍肩膀等身体接触方式很容易增近你与孩子之间的亲密感。所以你要记住，真正的爱源于真诚的触摸，真诚的触摸可以化解所有的不快。

作为家长，你要知道，你向孩子道歉是要证明你爱的是孩子本身，而不是孩子的行为。不是只有孩子表现好你才爱他，也不是只有孩子学习好你才爱他，你真正爱的是孩子本身。

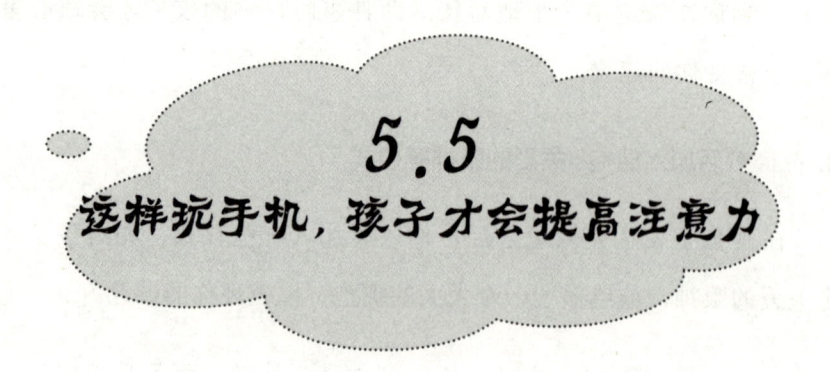

5.5 这样玩手机，孩子才会提高注意力

手机作为这个时代的产物，有人喜欢它，也有人不喜欢它。对于手机，很多家长的内心是纠结的：一方面，孩子玩手机会影响学习，很多家长常向我抱怨手机是最害人的，每次孩子都会边写作业边看手机，注意力根本不集中；另一方面，现在生活中几乎处处都需要手机，而且几乎所有的网课都是在手机或电脑上进行的，所以孩子又不能离开手机。

很多妈妈之所以痛恨手机，是因为她们觉得手机会伤害孩子的眼睛，游戏会伤害孩子的身心，网络会分散孩子的注意力。当你越聚焦在这种假设上时，这种假设就越会成为现实。其实不管是手机还是电脑，它们与孩子手中的笔、课本一样，都是学习的工具。如果以感恩的心态去对待它们，你就会发现这些高科技产品都会成为孩子的工具。

很多妈妈可能会问："孩子一会儿学习，一会儿看手机，肯定会分散注意力，这时怎么办？"首先，我们要知道什么是注意力。

从心理学上讲，注意力是人的心理活动指向和集中于某种事物的能力。换句话说，你能够把心绪凝结在某一件事情上，在这个过程中你的心绪非常稳定，你整个人的状态也非常稳定。当孩子玩手机时，他的注意力是非常专注的，根本不受外界干扰。为什么孩子在玩手机时会表现得特别专注？我们是不是可以用手机来培养孩子的注意力呢？我们应该怎么做呢？

1. 摆正心态：玩手机是在所难免的

当今手机已经成了孩子与外界社会交流的一种重要工具。比如，手机的应用里面有很多有意思的视频、新闻，孩子们可以根据这些了解时事；在网络世界里，孩子们可以建立属于自己的空间，可以成为一个博主，可以成为一个主播；在游戏世界里，孩子也有自己的战绩，这些战绩都是孩子所取得的成就……孩子们通过这些方式，可以获得大量的信息，可以与同龄人沟通，可以与社会建立更广泛的连接。

对于孩子玩手机这件事，妈妈们首先要摆正心态，你要默认这是一种在所难免的现象，既不能拒绝孩子接触手机，又不能让孩子过度沉迷在手机的世界里而荒废了学业。

如果我们还是按照传统的社会法则去要求孩子，就会剥夺孩子自然成长的体验。如果孩子没有办法自然成长，他的内心就会失去安全感，这时他又怎么能去认真学习呢？他的注意力又怎么能集中呢？

妈妈不焦虑 孩子更独立
——"共情"比讲道理更管用

2. 培养孩子的"感觉"记忆

有的妈妈会问:"我们就这样放纵孩子玩手机吗?"我说过,放松不是放纵,我们要学会利用手机来培养孩子的注意力,让孩子有一种心流式体验,让孩子在学习中像玩游戏那样产生颅内高潮的感觉。

我曾经有一个读高二的学生,这个孩子平时特别喜欢打游戏。有一次我问他:"你打游戏的时候能打到什么程度?"这个学生说:"我可以几天几夜不睡觉、不吃饭地打游戏。"我问他:"那是一种什么样的感觉呢?"这个学生非常兴奋地说:"那种感觉太爽了,尤其是自己每次获得装备升级的时候,感觉真的太爽了。"

作为父母,你要知道"感觉"对一个孩子认识世界来说有多么重要。这时我们应该怎么去做呢?首先,不要去破坏孩子的这种感觉,而是引导孩子记住这种感觉。我们可以引导孩子想一想,在现实生活中哪些事情让他有过类似的感觉。其次,告诉你的孩子当他做一件事情能达到废寝忘食的程度时,说明他的确非常有毅力,这也说明他在做这件事时处于一种极为专注的状态。

对很多孩子来说,他们对"注意力"并没有明确的概念,但是今天的孩子有幸可以通过手机、打游戏知道什么是真正的专注和意志力。因为他们有过这种强烈的体验,如玩游戏时废寝忘食的体验。这时我们应该恭喜孩子:"宝贝,我发现你的注意力特别集中,而且你原来这么有毅力呀!"

想一想，我们过去天天催促孩子好好写作业，天天跟孩子说要保持专注，但是孩子根本不知道我们想表达的是什么。因为孩子根本不知道那种体验是什么，所以抽象的说教只会让孩子更加不知所措。而且你每天给孩子的都是负向反馈，从来没有给孩子夸奖之类的正向反馈，负向反馈就会让孩子在潜意识里认为自己的注意力不集中。但是，如果我们在孩子看手机这件事上给予欣赏，告诉孩子："这就是你的毅力，这就是你的专注力，这也是让妈妈最佩服的地方。"当你承认孩子的兴趣爱好时，孩子的内心也会愿意接受你。

这可以说是妈妈的"美人计"——通过一种温柔的手段达成自己的"计谋"。你并没有批评孩子，也没有与他进行正面冲突，更没有剥夺他的权利。当你以一种崇拜、欣赏、认可、承认的姿态对待孩子时，他就会对你不设防。当孩子没有设防时，他在自己喜欢的事情上又有了深刻的体验，而且得到了你的确认，他就会知道这是一种什么样的感觉，这时他就会习得这种能力。

3. 点亮孩子的"感觉"

在你记住孩子的这种状态之后，接下来你就要点亮孩子的这种感觉，并确认他的这种感觉就是他的某种能力，然后让孩子切身体验这种感觉并得到欣赏。人只有在被确认和被欣赏时才认为这种感觉是一种能力，才能真正树立生命当中那种自我崇拜、自我欣赏的自信，这样就会形成一种固化行为。

妈妈不焦虑 孩子更独立
——"共情"比讲道理更管用

否则，孩子会一直认为你特别讨厌手机，认为是手机害了他，使他不能集中注意力，使他学习成绩下降，他就会进入一种手机被害者模式。当他得不到你的支持和欣赏时，他就会表现出习得性的退缩行为，而退缩的最好工具就是手机。

如果你能客观地对待手机，认为孩子玩手机属于一种不可避免的现象，而且你还能透过手机发现孩子各种各样的优点，那么孩子就可能不会产生手机被害者模式的潜意识。不管是在愤怒、生气的时候，还是在焦虑、忧伤的时候，他都不会把手机作为发泄的工具。他甚至会觉得手机是美好的，每当他拿起手机时就会想起妈妈对他的赞美和欣赏。

这时手机就容易引发孩子的条件反射，一看到手机他就会想："我是一个有意志力的人，我是一个做事专注的人，我是一个被人欣赏的人。"孩子再也不会借助手机消极逃避，也不会再与家长形成对抗的关系，他会条件反射地把玩手机与学习融合为一体。

Chapter 6

第 6 章

习惯培养：
教会孩子受用一生的学习习惯

由于种种因素的影响，孩子教育问题中的重中之重——学习问题成为最令家长头疼的问题。尤其是各种不良的学习习惯，简直让家长苦不堪言，于是衍生出了"一提醒、二催促、三吼叫"的教育模式。实际上，孩子的很多学习习惯都不是一朝一夕养成的，是孩子本人、家庭环境、家长及老师等因素长时间相互影响的结果，所以改变起来也不能一蹴而就。在我看来，只有家长从根本上和孩子一起认识到学习的意义、价值，并运用恰当的方法激发孩子的学习积极性，孩子才能真正养成好的学习习惯，并最终爱上学习。

妈妈不焦虑 孩子更独立
——"共情"比讲道理更管用

6.1 学习的意义到底是什么

在亲子训练营的微信群里,我经常看到很多家长讨论孩子的学习问题,有的家长说:"唉,现在的孩子不知道都想些啥,一说起学习,他就说学习没劲,还不如当'网红'呢,来钱快!"另一个家长立马接过话茬说:"太对了!我儿子更过分,说我天天逼他学习,不就想让他考上名牌大学,以后给我脸上争光吗?他怎么就不明白,让他学习是为他好呢?"

每当看到这样一些讨论时,我的心情都很沉重。为什么我们的孩子会对学习持这么消极、负面的态度呢?

其实现在很多孩子都有这些想法,原因并不完全在孩子身上。只能说我们家长在意识上没有很好地向孩子传达学习的意义和价值,而孩子因为眼界和认知水平有限,不能真正理解学习的意义,甚至认为自己就是在为爸爸妈妈学习。

那么,学习的意义到底是什么?学习的意义真的如孩子理解的那样,就是赚钱吗?作为家长,我们应该怎样向孩子传达学习的意义，让孩子对学习的认知更高一层呢？

我们常说，学习是一种能力。而在我看来，学习是一种生活习惯，也是一种人生状态。很多家长会不停地跟孩子强调：你赶紧写作业，写完就能出去玩了；你要好好考试，考好了我带你出去旅行；你再坚持俩月，高考结束后你的人生就圆满了，到时候你爱干什么就干什么……

我要告诉各位家长，这样的表达是极其错误的，这种交流对孩子学习的作用只能是帮倒忙。

那么，对学习正确的表达方式应该是怎样的呢？

1. 把学习当成一种高级的生活方式

学习应该成为我们的一种人生状态、一种生活方式，就像吃饭、睡觉一样，但要比吃饭、睡觉更高级。我们要在孩子小时候就把这种观念传达给他，并且告诉他学习是一种很高级的生活方式。

比如，马云、比尔·盖茨就将学习当成一种生活方式，似乎一天不学习都不习惯，所以他们看世界的眼光和思维与不学习的人是不一样的。有些人可能很有钱，可由于他的知识水平有限，缺乏驾驭财富的能力和素养，那么他的财富很快就会散尽。

如果孩子能够将学习当成一种习惯、一种很高级的生活状态，那么他就不会认为学习是父母的事而不是自己的事。孩子只有建立起这种观念或思维，他才能真正将学习当成自己人生的一部分。否则，如果孩子把学习当成为父母尽的义务，那么他根本就体会不到学习的意义和价值。

比如，有一次，一位家长给我留言，说他跟儿子聊天时，他儿子就说，将来把自己挣的钱都留给父母，只为自己买一块墓地就行了。孩子的话把他吓得下巴都要掉下来了！他紧张地问儿子为什么这样想。他儿子就说："人生实在没什么意义，天天学习啊、考试啊，说来说去不就是为了将来能挣钱吗！等挣到钱了，人生也没什么追求了，买一块墓地等着死就好了呀！"

这位家长很害怕，给我留言问孩子是不是不正常，是不是应该带孩子去看看心理医生。

这听起来确实很令人不安，但我很理解孩子的想法。孩子之所以对未来这么消极，很可能是因为家长平时对孩子的学习问题太焦虑了，没有教会孩子怎样通过学习正确地审视未来，或者没有与孩子一起聚焦未来的美好。在学习方面，如果家长传递给孩子的都是一些焦虑、消极的情绪，将学习当成改变命运的唯一稻草。比如，"你只有好好学习，将来才能赚大钱""考不上大学，你只能去工地搬砖"等。久而久之，孩子就会认为："啊，原来学习就是为了赚钱，我去做生意也能赚钱啊，为什么非要这么辛苦地学习呢？"这时他就会对学习更加抵触，更加不理解学习的意义，不知道哪怕去做生意，也需要有知识才能成为真正的赢家。

因此，如果你不能很好地对孩子传达学习的价值，孩子就会对学习、对未来感到很迷茫，不知道学习能让自己的未来发生什么样的"质"的变化。这显然是不行的。

要改变这种状态，我们就要放平自己的心态，平时多向孩子传达正确、积极的学习价值观，可以告诉孩子："学习能丰富我们的心灵，让我们在未来遇到更多惊喜。"我们也可以这样说："学习能提升我们的能力，让我们以后可以帮助更多的人。"久而久之，我们就提升了孩子对学习的认识，孩子也会觉得学习是一件有追求和令人自豪的事。

2. 引导孩子从未来的角度评价当下

一般来说，孩子在小学三四年级、初中一二年级时，都会遇到学习瓶颈期。在这些阶段，孩子对学习会产生畏难情绪，如果家长不理解，每天指责孩子不认真学习，就很容易让孩子形成一种习得性无助的推辞退缩型人格。孩子也会因此破罐子破摔：反正学了也不会，还不如不学呢！

所以，当你发现孩子学习出现退步时，切忌直接指责孩子，而要引导孩子回顾一下他以前的学习状况。孩子就会发现：以前觉得这些题目好难，现在觉得好简单呀！

这说明什么？说明当我们回头看过去时，或者从高处俯视曾经的生活时，会发现那些困难都只是暂时的。这样孩子的心态就会发生变化，他就会知道，虽然自己现在遇到了困难，但这些困难都只是暂时的，是很快就能克服的，他就会对学习重拾信心。

总而言之，我们要让孩子意识到，学习虽然会遇到困难，但是它能够改变我们的认知、拓宽我们的眼界，让我们未来能站得更高、望得更远。如果孩子能够对学习形成这样的认知，那么他就不会再认为学习是一件疲于应付的事，就会拼尽全力去努力书写自己的未来。

6.2 让孩子爱上学习有方法

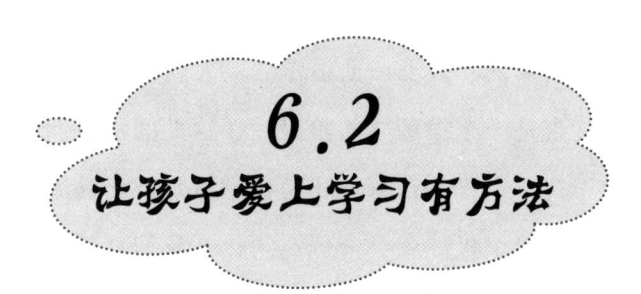

有一次，我到一位学员家里做回访，碰巧她女儿放假在家。她女儿是一个聪明乖巧的女孩，学习成绩很好。我们见面后就聊了起来，期间我问她："你认为自己为什么学习呢？"她几乎脱口而出："因为爸爸妈妈想让我学习啊，而且我学习好会让他们很高兴！"

这个答案让我有些意外，我原以为她真心喜欢学习，所以成绩才会那么好。所以我又追问："你自己喜欢学习吗？你觉得学习快乐吗？"

"学习怎么能快乐呢？但我更希望爸爸妈妈快乐，他们快乐，我就快乐，所以我就会好好学习……"

在家长训练营中，家长咨询我最多的就是孩子的学习问题。很多家长都曾问我："孩子不爱学习怎么办？怎么才能让孩子爱上学习呢？"

其实我想问，家长在提出这些问题时有没有认真反思一下，为

妈妈不焦虑 孩子更独立
——"共情"比讲道理更管用

什么孩子不爱学习?为什么孩子会缺乏学习动力呢?

从生理角度来说,孩子在上小学后,大脑发育会进入一个高频阶段,同时这也是一个很敏感的阶段。在这期间,他们很容易受到外界环境的干扰,不管是在家里还是在学校里,一旦周围的环境影响到他,他的学习积极性就会降低。为什么我们总感觉孩子在学校里比在家里学习效率更高?就是因为学校拥有学习氛围,孩子在那样的氛围中不知不觉就会把注意力放在学习上。

这其实也说明,心理和精神因素对孩子学习的影响是很大的,并且越小的孩子受到的影响越大。既然如此,我们不妨从心理和精神方面去影响孩子,当然这种影响必须是正向的影响。

1. 让学习真正成为孩子自己的事

很多家长把孩子的学习当成全家的大事:孩子一要学习,家长就立刻给孩子准备书本、用具;在孩子学习期间,家长都围在孩子身边,一会儿递水,一会儿扇扇子……看似家长很重视孩子的学习,其实这不仅影响孩子的专注力,还会增加孩子的焦虑心理,甚至让孩子对自己在家庭中的角色定位产生错误的认识。孩子因此就会为了家长去学,而不是为了他自己去学,不然为什么家长对学习比他自己还积极呢?

当孩子产生这种心理时,他对学习就会懈怠。尤其当学习出现问题,被家长批评时,他就会心生不满:"我这么辛苦地为你们学习,学不好你们还批评我,凭什么呀?"抱着这样的学习态度,你认为孩子能喜欢学习吗？

所以，我们要把学习还给孩子，在孩子小时候就要让他明白：每个人都要为自己的生活努力，不管是你的学习，还是爸爸妈妈的工作，都是为了让自己生活得更好。千万不要动不动就说："爸爸妈妈赚钱都是为了你啊！你不好好学习，对得起谁呀？"这样就会传递给孩子一种观念：爸爸妈妈在为孩子工作，孩子在为爸爸妈妈学习。在这种观念的影响下，年幼又缺乏自控力的孩子在面对枯燥的学习时，又怎么能有动力呢？

2. 不论孩子学习好坏，都要告诉孩子"我永远爱你"

孩子都希望得到家长的肯定和认同，尤其当孩子把学习当成家长的事时，他更希望获得家长的反馈。否则，孩子就会陷入失望的情绪中或陷入对学习的消极认知中，这时我们应该怎么办呢？

我们可以直接告诉孩子："你喜欢学什么就学什么。"一定要记住这句话！然后再告诉他："我永远爱你。"

这是什么意思呢？这就是要把孩子的学习和你对孩子的爱分开对待。你爱孩子是无条件的，不应该与孩子的学习挂钩。而对孩子来说，这也是一种暗示，即不管孩子学什么、学得怎样，都不会影响爸爸妈妈对他的爱。这样孩子才有安全感，才不会为了应付爸爸妈妈去逼迫自己学习。

同时，我们也要让孩子明确他学习的最终目的是什么和他要实现的梦想是什么。因为学习是孩子自己的事，所以孩子需要为自己的学习制定一个目标。如果孩子没有明确的目标，那么他可能仍然觉得学习是爸爸妈妈的事，跟自己没关系。只有当孩子将学习与他自己的需求和梦想联系起来时，他才会真正产生学习的动力。

比如，孩子这次考试没考好，你可以问问他："你这次成绩不理想，接下来你打算怎么办？"孩子可能会说："我想要帮助。"或者说："我想下次考好。"这时你怎么办？很多家长一听到孩子要帮助、要考好，马上就给孩子联系课外班帮孩子补习，这样仍然会使孩子觉得"自己考好"这件事是家长的事，因为爸爸妈妈比自己更着急，所以孩子对学习依然是一种被动的状态。

相反，在听到孩子说他想要帮助、想要考好时，你可以继续问他："你想得到什么帮助？"或者问他："你觉得自己怎样做下次才能考好？"这样就将问题转移到孩子自己身上了。如果孩子提出想报辅导班，或希望得到家长的其他帮助，那么我们再提供帮助，这时孩子才会主动去学习。

3. 将成就感还给孩子

很多时候，你对孩子表达出的信任感，往往要比你追在孩子后面不停地提醒、唠叨更能让孩子自律。比如，当你让孩子写作业时，喊好几遍孩子都没反应，与其如此，不如先跟孩子定好学习时间，时间一到就对孩子说："现在到学习时间了哦，妈妈相信你能安排好时间，认真完成作业。"然后就把时间交给孩子，让他自己去安排。

如果孩子按时完成了，记住，一定要把成就感还给孩子，告诉孩子："真棒，妈妈就知道你能自己做到。"或者说："妈妈就知道你是一个自律的孩子，能坚持自己完成作业。"这样孩子才能体会到："哦，原来这就是自律，原来自己完成作业这么有成就感呀！"

即使孩子没能按时完成作业，也不要指责孩子，或说一些气愤的话，这会让孩子对学习更加抗拒，甚至认为你爱的是他的学习、他的作业，而不是他。你不妨先引导孩子找找原因，可以对孩子说："你是因为时间安排不太合理，还是因为作业中有不会做的题才没完成作业？"在孩子分析出原因后，再让孩子根据不同原因重新寻找解决方法。如果孩子克服了困难，同样要将成就感还给孩子，让孩子知道，他是因为自己的努力、自己的坚持，最后才取得成功的。这对培养孩子学习的主动性、自律性大有裨益。

妈妈不焦虑 孩子更独立
——"共情"比讲道理更管用

6.3 这样做，孩子更爱写作业

我见过很多家长因为孩子写作业的问题而打骂孩子，但我坚决反对家长这样做，因为我觉得家长这样做严重违反了孩子的成长规律。

人的思维其实是"金字塔"式的思维。孩子从小学穿梭于各种兴趣班，到初中、高中集中精力学习主科，再到大学、研究生阶段专攻某个学习方向和分支，说明一个人在小时候学习兴趣广泛、注意力不集中其实是一种普遍且符合成长规律的现象。

孩子学习习惯不好、注意力不集中，除了他本身的生理原因，还与家长的态度有关。在孩子写作业的过程中，家长最常见的做法是什么？教孩子一遍孩子不会，再教一遍还不会，第三遍直接动手打了。殊不知，这样会破坏孩子的大脑神经元。如果孩子的大脑神经元被破坏了，孩子的注意力就会越来越不集中。我们可以回想一下，小时候如果我们曾因学习挨过打，那么肯定更加痛恨学习，写作业时也就越来越心不在焉，生怕写错了又挨骂挨打。带着这种状态写作业，谁会真正喜欢呢？

那么，当看到孩子写作业不专注时，家长应该怎么办呢？难道就听之任之吗？

当然不是。我在这里给大家介绍几种比较有效的方法，大家只要认真遵循，就能让孩子爱上学习、爱上写作业。

1. 好的关系是一切教育的基础

如果我们留心一下，就会发现一个规律：那些能跟孩子处好关系的家长，在教育孩子方面往往很成功；相反，那些和孩子关系紧张，甚至关系恶化的家长，教育出来的孩子多半也会有各种各样的问题。这就说明家长和孩子之间的关系与孩子的成长息息相关。

我有一位朋友，曾经给我打电话哭诉，说她跟她儿子又吵起来了。一直以来，这母子俩的关系简直形同水火，尤其随着孩子的长大，他们之间的关系越发紧张。妈妈一看到儿子不学习、不写作业，就催促他；妈妈一催，儿子就觉得妈妈在找碴儿。所以不管妈妈说什么，儿子都不愿意听，甚至还故意跟妈妈对着干。于是妈妈就不得不用更严厉的教育方式，而与之对应的，是孩子更加强烈的对抗情绪。

后来妈妈实在没辙了，就给我打电话，问我这孩子到底应该怎么管。我就抽时间特意跟她和孩子聊了聊，给了他们一些建议。

类似的案例在生活中有很多，但现实情况是孩子并没有因为你的催促、更严厉的管教而爱上学习、爱上写作业，恰恰相反，因为

妈妈不焦虑 孩子更独立
——"共情"比讲道理更管用

彼此关系的恶化，孩子对学习更加抗拒。

什么样的家长才是成功的家长？我认为成功的家长不是能控制孩子的家长，而是能与孩子搞好关系，并能唤醒和点亮孩子内在学习动力的家长。你的焦虑、催促、控制相当于捆住了孩子的手脚，从而不能在思想上帮到他。这就会导致孩子对家长、对学习更加抗拒。

所以，不要试图在学习上控制孩子，更不要因此而破坏你与孩子之间的关系。智慧的家长会与孩子站在同一条战线上，共同去面对孩子学习中的困难。只有当孩子感觉到爸爸妈妈对自己的理解、鼓励和支持时，他才会有动力、有热情地去面对学习和每天的作业。

2. 将孩子放在一个更高的位置上去欣赏他

很多家长在孩子写作业时喜欢打击孩子。有的说："你怎么写这么慢？"有的说："你这道题怎么能做错，是不是太不认真了？"结果呢？越批评、打击孩子，孩子就越慢、越拖拉、越抗拒。

我的建议是你要多注意孩子进步的地方，只要孩子有一点点进步，你就要及时捕捉到，然后将孩子放在一个更高的位置上去欣赏他。

以我的父母为例。在我小时候，我父母几乎没管过我的学习，但我妈妈经常跟我说这样一些话，让我印象深刻。有一次，我在电视上听到"博士""教授"这几个名词，不知道它们是什么意思，就问妈妈。我妈妈告诉我："博士、教授都是让人抬起头仰望的人。"我就问妈妈："那是什么感觉呢？"妈妈说："所有人都抬头看你，你当然就会显得特别高大啦！"从那以后，只要我取得一点点的小成绩，就会说："妈妈，你看你会抬头看我吗？"我妈就假装抬头看着我说："可以呀，我现在就抬头看你了，你将来就是博士、教授啦！"

我记得自己当时特别开心，学习劲头更足了，就想努力当博士、当教授。所以，当你把孩子放在一个被欣赏的位置上时，他就想表现得更好，获得更多的欣赏和赞美。

在孩子写作业时，如果孩子稍有进步，你可以用一些小动作或一些话来让他感觉到自己正被人欣赏，那么孩子的学习动力就会不断增强。比如，伸出大拇指给孩子点赞，告诉他："今天的单词你背得很熟练呀！如果坚持这样背单词，你以后就能成为一个语言专家啦！"或者对孩子说："今天的字写得真棒，我几乎从你身上看到未来书法家的样子啦！"就用这种很清晰、具象化的语言来传达你对孩子的欣赏，孩子也会在脑海中形成相应的画面感，继而产生想要真正成为画面中的人物的动力。在这种前提下，写作业这件事对孩子来说也就不再难了。

3. 定期召开家庭会议，制定目标

我们知道，一家公司要运营，肯定会定期召开一些会议。家庭

妈妈不焦虑 孩子更独立
—— "共情"比讲道理更管用

同样需要定期召开会议，召开家庭会议干什么呢？就是制定每周家庭成员各自的目标。

在开会期间，孩子必须参与进来，并且首先要制定孩子一周的学习目标。需要注意的是，孩子的学习目标一定是能够触手可及的，一定要让他行动起来，让他进入学习的状态之中。比如，孩子现在每学习10分钟就想起来，那么这周的目标就是11分钟或12分钟，下周定为14分钟……以此类推。随着孩子坚持学习的时间越来越长，慢慢他就会觉得："哎呀，每周多坚持2分钟太简单了，我要挑战一下自己，直接20分钟吧！"这样孩子就在不断进步，并且逐渐进入一个比较有规律的状态之中。

与此同时，为了激励孩子，家长也要制定自己的目标。比如，下周要完成什么工作、要读完几本书等。孩子关心这些吗？不关心。你也不需要他来关心，他只要能看到你是怎样完成自己的目标的即可，这对孩子将是一个非常有效的激励。

6.4 人际关系也能影响学习成绩

我平时接触的处于青春期的孩子非常多,其中有一个孩子让我印象深刻。这个孩子是一名高三复读生,之前是班长。后来他感觉当班长很浪费时间,就找老师把班长职务辞了。结果他发现,不管是老师还是同学,对他的态度都不像以前那样了,这让他感到很难过。

他回到家,把这件事跟自己的爸爸说了。爸爸不仅没安抚他,反而还责备他,说他不应该辞掉班长的职务,结果再次加重了这个孩子的难过情绪。此后,他就一直陷入这种情绪中无法自拔,成绩直线下滑。

你可能觉得这只是一个个案,只因为这个孩子太敏感、太在意别人的评价,才影响了学习。而实际上,很多处于青春期的孩子都会因为人际关系影响到学习。我在讲课时曾说过,处于青春期的孩子都是自恋型的人,他们习惯于以自我为中心,但他们又迫切地希望通过与外界的互动来让别人知道自己是谁,特别渴望得到外界的确认,搞清楚自己在社会中的角色是什么,同时也很想知道自己在

妈妈不焦虑 孩子更独立
——"共情"比讲道理更管用

他人心中是不是如自己所想的那样。于是，他们就会在这些问题上不断去探索与周围人、周围环境之间的关系。

所以，你会发现，处于青春期的孩子对自己与家长、老师、同学之间的关系都比较敏感，尤其是对与家长之间的关系。很多家长抱怨孩子叛逆，在家不跟自己交流，很少跟自己打开内心世界，弄不清楚他们到底在想什么。其实我想告诉这些家长，这很可能是因为你们经常批评、指责孩子，让孩子产生了不良情绪。在学校里，老师要负责那么多孩子的学习，没精力对孩子进行一对一的指导。所以同学、同伴之间的关系便成了处于青春期的孩子要处理的主要人际关系。如果与同学之间的关系好，孩子就能从中获得心灵安慰和解决问题的勇气，在学业上也会获得很大帮助。一旦人际关系发生变化，尤其当别人对待他的方式不如他所愿时，他就马上进入一种退缩、恐惧、指责、抱怨的状态中，学习成绩自然而然就会受到影响。

那么，我们应该怎么办呢？我有三个建议给大家，这三个建议也是我们疏导孩子情绪的"三步走"。

1. 及时关注孩子状态背后的原因

我相信大多数家长在听说孩子因为人际关系而影响学习时，第一反应都是："你管好自己就行了，把注意力放在学习上，别天天弄那些没用的！"

我要告诉你，这句话是非常害人的！这无疑在告诉孩子："你处理人际关系的能力不行，我作为你的家长，我处理人际关系的能力也不行，我们没办法，就只能管好自己，把自己封闭起来，只管学习。"这相当于彻底否定了"人际关系"这个最根本的生存法则，使孩子形成一种错觉，即人际关系是没用的，那么他在长大之后就很难搞好人际关系，甚至在工作、生活等方面受到很大的影响。

如果你是这样对待孩子的，我希望你从现在起改变自己的态度。当孩子向你倾诉时，或当你发现孩子成绩下滑时，不要只看这些表面现象，而要关注他这种状态背后的原因是什么，以及他真正的情感诉求是什么。需要注意的是，你在表达关注时，一定要把语言落在孩子的感受点上。比如，孩子情绪不好，你就这样问孩子："妈妈见你最近不开心，能跟妈妈说说原因吗？"如果孩子成绩下降，你就这样问："妈妈见你最近成绩有点儿下降，是不是功课压力太大了？"

如果孩子向你表达了一些情绪，如自己最近比较烦、太累了，你要允许他把情绪表达出来，要"疏"而不是去"堵"。让孩子把负面情绪宣泄出来，并且你要表达出对他的理解和接纳，如"嗯，看得出你跟朋友闹矛盾让你很难过""我理解，你感觉很委屈"。这样孩子才会感觉到你是懂他的、理解他的，他的情绪才会逐渐平稳下来。

2. 不要给孩子任何情感负担

处于青春期的孩子在生理上已经接近成年人，但他们的心智模式仍然比较幼稚，如他们认为朋友之间就应该两肋插刀，显然这是不成熟的。但我们不能去否定、批评他的想法，因为他已经遇到了问题，心里很压抑、很烦闷，而你的否定、批评、说教无疑增加了他的情感负担。

所以，这时我们不妨换个方式，用请教的方式来引发他的思考。比如，你在承认、理解他的感受之后，再顺势"请教"他一下。你可以这样问："你认为朋友的做法有哪些问题呢？"也可以这样问："你认为朋友应具备哪些品质？"或者这样问："你接下来打算怎么办呢？"

这些问题会引发孩子的内在探索，引导他逐渐以一种正向思维的方式去解决问题。哪怕孩子不能马上给出解决方法，你的问题也可以唤醒他的内在智慧，让他学着用正向的方式找到符合利益的答案。

3. 不要急于评判孩子的想法和做法

在我们问完问题之后，如果孩子若有所思，没有回答，说明他已经开始思考了。如果他回答了，但不是我们期望的答案，切记不要急着去评判或否定孩子，你可以这样说："你的想法也有一定道理，或者也有这种可能性。"表示你并不完全同意他的观点，但尊重他的观点。接着，你再在他欠思考的地方给予一些提示，你可以说："妈妈也有些自己的想法，可以跟你说说吗？"也就是说，如果我们用一种民主、亲切的方式与孩子讨论，孩子在情感上就会更容易接受，也更有耐心听我们的意见。

总而言之，孩子的学习成绩不仅与他的认真程度有关，还与他的人际关系有关。有时孩子成绩出现波动不是因为孩子不学习、不上进，而是因为他的人际关系出了问题。所以在发现孩子的学习出现波动时，家长应保持冷静，耐心地分析孩子成绩波动的真实原因，再针对"病症"去"下药"，才能从根本上解决孩子的学习问题。

6.5 "金字塔"思维，让开学更"开心"

每年一到开学季，都是"几多欢喜几多愁"："欢喜"的是家长，"神兽们"终于"归笼"；"愁"的是孩子们，不得不向自由自在的假期生活说再见，接下来又要进入紧张的学习状态了。

其实，在经历了一两个月的漫长假期后，孩子在生活、学习上变得有些散漫，然后突然开学，进入紧张的学习状态，很多孩子都会不适应。在这种情况下，家长一定要做好"后勤工作"，既要与孩子一起规划好开学后的日常起居，又要与孩子制订好新学期的学习计划、学习目标等。

那么，怎么做才能让孩子开开心心地去上学呢？我给大家推荐一种"金字塔"思维方式，这是我通过很多案例，再加上我个人的感悟研究出来的，相信对家长和孩子们都有帮助。

请家长们在一张白纸上画一个三角形作为"金字塔"，然后将"金字塔"分为五个层次。接下来我分别解析一下这五个层次。

1. 梳理孩子在假期中遇到的问题和困难

这个层次比较容易理解，就是在开学前和孩子一起梳理一下他在这个假期里遇到了哪些问题，同时还有他在以往的学习中经历了哪些自认为难以逾越的困难等。在此过程中，不管孩子说什么，我们都不要给予评价、批评和指责，而是告诉孩子，这些过往经历和实践都是筑就你人生高楼大厦的"金砖"和"银砖"。随后，我们再根据孩子的这些经历、体验等，带领孩子进入"金字塔"的第二个层次。

2. 反向沟通

什么是反向沟通？

一般来说，事情的发展都是按照"起因→经过→结果"这样的顺序进行的，但有时候我们要把这个顺序颠倒过来才能解决问题。一些问题正是由于某个结果，才出现了起因那样的状况。

比如，孩子认为老师批评他伤害了他的自尊心，所以他不喜欢这个老师，也不想上这个老师的课。而实际上，恰恰是因为他先敏感了，认为老师的批评让他受到了伤害，所以才不想上这个老师的课。

这种反向思维的模式可以很好地将孩子学习上的一些情绪、因果关系等梳理清楚，同时也能让家长反思一下自己的教育问题。有些妈妈总认为孩子惹自己生气，但真实情况可能是自己焦虑烦躁，控制不住情绪，才总盯着孩子的毛病和问题，并把"黑锅"

丢给孩子。

所以在本层次，你要与孩子进行深入的交流，弄清孩子出现这些问题的原因是什么。

3. 制订新学期的计划和目标

每次开学对孩子来说都是一个全新的开始，所以在新学期开始前，我们要与孩子一起制订一份新的计划和目标。这份计划和目标不仅包括孩子的，还包括家长的，在内容上也不完全是关于学习的，还包括生活等其他方面的。

首先，我们心平气和地与孩子讨论一下他的规划和目标。比如，问问孩子："你打算在某门课程上取得什么样的进步？"需要注意的是，这个计划和目标一定要符合实际，是孩子踮踮脚尖就能够达到的。其次，带领孩子一起设想一下阶段性的成功。比如，你可以这样问孩子："你可以想象一下，如果你第一次考试考好了，你会是什么样的状态？"也可以这样问："第二次考试呢？你感觉会比第一次有哪些进步？"通过这样的设想，让孩子对新学期的到来充满期望。

与此同时，作为一家之长，我们也要告诉孩子，自己在新学期里也会制订一些计划，实现一些目标。比如，"妈妈准备在这半年内再获得一次加薪""爸爸计划在这学期读5本书"……并且告诉孩子："我们互相监督，看谁能顺利达成自己的目标。"这也会激发孩子想在新学期挑战新目标，并监督爸爸妈妈的动力和热情。在这种情况下，孩子的整个状态都是"在线"的。

4. 规定彼此相处的边界和标准

边界和标准的存在使得我们和孩子在生活、情感需求方面相处起来始终处于最舒适的状态。比如，在边界方面，你可以问问孩子："在这一学期，你有什么话想对妈妈说呢？妈妈很愿意倾听。"一般孩子可能会表示自己不希望妈妈总盯着自己的学习，或在他有情绪时不要指责他，等等，这些就是孩子的边界。同样，你也要把自己的边界告诉孩子，如希望孩子玩游戏的时间不要太长，希望孩子在家里能主动完成作业，等等。

需要注意的是，你跟孩子的这种沟通只是对彼此提出期望，而不是要求或强迫对方必须做到。你只需告诉孩子，我希望这学期我们能相互尊重、相互理解，在彼此情绪不好时尽量不要出言不逊，这是我们彼此相处的边界。

同样，相处的标准也要规定出来。比如，你可以告诉孩子，你自己想在这学期获得什么进步，以此来影响孩子、带动孩子。与此同时，你也可以问孩子："你接受不了的最差成绩是什么样的？你期望自己能获得的最好成绩是什么样的？"

总之，你必须和孩子一起厘清孩子在新学期可能的样子，这样孩子才能清楚自己在即将到来的新学期能达到什么样的程度，从而对自己形成一个正向、恰当的评估，并因此对新的学期充满信心。

5. 成绩

最后一个层次就是孩子的成绩了，其实做好了前面四个层次，再提成绩便是很自然的事了。

但也要注意一点，在提成绩时尽量向孩子提及他以往学习经历中的那些进步，引导孩子去梳理一下之前他取得好成绩时的状态或成就感，让他回想一下自己当时是什么样的学习状态，以及那样的成绩给他带来了什么样的启发等。通过这样的引导，激发孩子的学习动力。

另外，在"金字塔"的左右两侧，我又分别列出了"成就群体"和"支持系统"两部分。

列出"成就群体"的目的是我们要引导孩子从群体中寻找力量。比如，你可以这样激励孩子："你要努力与你的好朋友一起考上重点高中。"你也可以这样激励孩子："我和爸爸陪你一起努力，争取在这学期取得出色的成绩。"这就是"成就群体"的力量。这样会让孩子感觉到自己不是在孤军奋战，而是和大家一起努力、一起奋斗，从而获得更大的力量。

"支持系统"是指在新学期当中，孩子在生活、学习、情感等方面都能获得一定的支持。这些支持来自家长、老师、同学、朋友，甚至孩子自己的爱好、缓解情绪的方式等。你只需要让孩子明白，不管他遇到什么事，都不要忘记寻找"支持系统"的帮助。

通过构建这个立体式的"金字塔"思维，我们就为孩子营造了一种正向、积极的思维模式，帮助孩子找到他们在新学期的奋斗目标。带着奋斗目标去开学，孩子怎么会不开心呢？

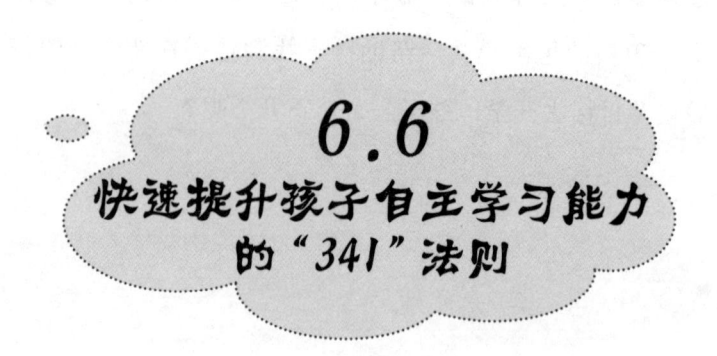

6.6 快速提升孩子自主学习能力的"341"法则

在亲子训练营的微信群中，家长们经常交流孩子的学习情况，有时也互相调侃。比如，有的家长说："只要不跟孩子谈学习，彼此之间就是母慈子孝；一谈学习，秒变鸡飞狗跳！"有的家长说："孩子平时成绩不错，但就是完不成作业，一让学习就说静不下心来。"还有的家长说："孩子似乎每天都坐在桌前学习，可是他一会儿转转铅笔，一会儿抠抠橡皮，不知道磨蹭到什么时候才能写完呢！"

我相信这些现象在很多家庭中都有，这些现象反映的就是孩子自主学习能力的问题。

自主学习能力与孩子学习习惯的养成、学习成绩的提升有很大的关系。如果孩子能把学习当成自己的事，并主动产生学习动力，那么他在学习中就不会感到痛苦，就能真正地将学习与自己联系在一起。

但在很多情况下，孩子都把这种责任间接地转嫁到家长身上了，只有在家长的帮助下或在家长的不断催促下，孩子才肯学习。久而久之，孩子就会变得愈发依赖家长，只要家长不推他，他就一动不动。

我一直对孩子的这种学习行为担心，所以我在讲课过程中经常对家长说，不要着急推着孩子去学习，而要让孩子自己走过去学习。为此我还经常在家长群里组织比赛，看看哪个妈妈的表现最淡定，最淡定的往往才能笑到最后。那些不够淡定的家长着急地说："小渔老师，难道就真的不管吗？连提醒孩子一下都不行吗？"

我的答案很肯定，告诉他们："淡定是所有良好教养方法的前提。因为不管在什么情况下，心法都是大于技法的，如果没有心法作为前提，你后面的技法就会用得一塌糊涂。"

1. 怎样运用"心法"

怎样运用心法呢？我的建议是大家先要弄清四个问题：什么是孩子的事、什么是家长的事、什么是老师的事、什么是超出人的控制范围的事。如果你把这四个问题弄清楚了，那么你对待孩子的学习就不会那么焦虑了。

首先我们来看什么是孩子的事。学习、写作业、考试等，这些都是孩子的事。家长的事是如何引导孩子，让孩子爱上学习，即给予孩子支持力，而不是控制孩子、推着孩子去学习。但大部分家长在这一点上都本末倒置了，把孩子的事当成自己的事，每天耳提面命地监督孩子学习。结果呢？孩子越来越拖拉，意志力越来越薄弱，缺乏学习的自主性，也完全不知道学习的重要性。

孩子不好好学习、不交作业，老师教导孩子，孩子不听，然后老师来找家长，这是老师的事。此时家长的事就是如何处理老师找你这件事，以及如何和老师配合共同帮助孩子自主地学习。

最后我们说"尽人事，听天命"，孩子做了他该做的，我们也做了我们该做的，最后孩子学习成绩如何、考试发挥如何，甚至包括未来的发展如何，就是超出人的控制范围的事了。

所以，要真正帮助孩子提升自主学习能力，我们就必须拎清自己扮演的角色，这样你就不会什么都想参与、什么都担心、什么都去设想了，也将那些不该由孩子参与的事情还给了孩子。

2. 怎样运用"技法"

关于技法部分，我给大家推荐的是我自创的"341"法则。其中，"3"是指在任何时间、任何地点和任何情况下，你都要坚持运用这个法则，所以这个"3"非常重要；"4"是指肯定孩子的情绪、动机及已经做到的事；"1"是指你唯一的标准，即不断为孩子加油、鼓劲。

比如，孩子学习坐不住，刚坐下10分钟就起来了，要么找东西吃，要么看电视，最后可能连自己在学习这件事都忘了。这时怎么办？

首先，你要弄清孩子这些行为背后的情绪是什么。比如，孩子可能感到有些烦躁、困倦、难以集中注意力等。

其次,你要弄清孩子这些行为背后的动机是什么。比如,他遇到了难题,又解答不出来,不知道应该怎么办;或者你给他的压力太大,他感到无法承受,因此失去了学习动力,想要出来放松一下,或寻求你的帮助。

然后,你要看一下孩子已经做到了什么。这一点很重要。比如,孩子已经在10分钟内背了3个单词,然后来吃水果,此时你一定要看到他为在10分钟内背下3个单词所付出的努力。

最后,你要对孩子的情绪、动机和已经做过的事表示肯定。这时你要设想一下:他已经在刚才的10分钟内认真背单词了,已经在一步一步地往前走了。不仅如此,你还要把孩子做到的这部分传达给孩子,你可以说:"妈妈看到你刚才在很努力地背单词了,背单词是很需要意志力的,你做得很不错!"同时还要告诉孩子:"背单词本来就要慢慢来,不可贪多、贪快,要坚持'小步子原则',一点一点地来。每天坚持背几个,就能积少成多。"而孩子恰恰能从这些"小步子"中获得成就感和学习动力,这样坚持下去,他就能获得持久的学习动力和正确的自我认知。

总之,你说的每一句话都是在给孩子强大的潜意识进行"催眠",所以你一定要用正向的语言强化孩子的学习行为,而不是负向

妈妈不焦虑 孩子更独立
—— "共情"比讲道理更管用

打击。即使看不惯孩子的某些行为，你也要努力调整自己的情绪，搞清自己的界限，明确什么是孩子的事、什么是自己的事。不断地运用"341"法则，我相信你很快就能看到孩子自主学习能力的提升。

Chapter 7
第 7 章

轻松考试：
心态对了，考试不再是难事儿

每当要考试的时候，很多家长和孩子都将其当成一场"审判"，因此就会陷入一种恐慌、焦虑的状态。事实上，考试只不过是在孩子完成了一个阶段的学习后，对孩子该阶段学习情况的一个总结。即使是很关键的中考、高考，也只是孩子漫长人生当中的一个阶段总结。设置它们的目的是让孩子通过考试这道"关"，看到未来广阔的天地中更加美丽的风景。所以，我们完全没必要将考试当成一场"审判"。当然，面对考试也有很多方式和方法。如果我们能放平心态，与孩子一起掌握这些方式和方法，就能改变我们对考试的错误认识，从而与孩子一起轻松、愉快地面对考试。

妈妈不焦虑 孩子更独立
——"共情"比讲道理更管用

7.1 家长如何远离考前焦虑

曾经有一位妈妈向我咨询，她有一天半夜听到女儿的笑声，就连忙起来去看，结果发现女儿正在手机上看小视频。一看时间，都凌晨1点多了。

她就很着急，但仍然努力控制着自己的情绪，耐心地对女儿说："妈妈知道你现在玩得很开心，但现在很晚了，你应该睡觉了。妈妈很担心你的身体，你明天还要学习呢！"

结果女儿不以为然地说："我就是想玩，我即使一夜不睡明天也能上课。"

第二天，女儿在上网课时就特别没精神。妈妈就耐心地跟女儿谈了谈，结果女儿跟她反映，最近学习确实有些吃力，作业做不完，视力也有些下降。还有两周就考试了，自己很着急，但又学不下去。

妈妈为了鼓励女儿，就安慰她说："你其实已经很棒了，妈妈挺佩服你的。但你想想啊，要是你一直处于这个状态，在一年后你会是什么样子呢？"

谁知女儿突然很烦躁地说："我知道了，你以后别管我了！"

结果，两个人不欢而散。这位妈妈很着急，就跟我打电话说："小渔老师，孩子什么都听不进去，应该怎么办啊？"

首先我非常肯定这位妈妈的做法，一直在尽力鼓励孩子，但其中也存在一个问题，就是妈妈内心其实很焦虑，同时妈妈又将这种焦虑的情绪转嫁到了原本已经很焦虑的孩子身上，结果让孩子承担了双重焦虑。

每当孩子要考试时，不少家长都会有焦虑的情绪，担心孩子不认真复习，担心孩子考不好，担心孩子发挥失常……不然高考时考场外面也不会聚集那么多比里面参加考试的孩子还着急的家长了。

家长的心情我很理解，但试问一下，家长这种焦虑的情绪对孩子来说真的有帮助吗？真的能激励孩子超常发挥吗？

家长这种焦虑的情绪不但对孩子没有帮助，而且还会让孩子更紧张，担心自己万一考不好怎么办。带着这样的情绪去考试，我想连正常发挥都难，更别提超常发挥了。

那么，家长怎么做才能先让自己远离考前焦虑，再帮助孩子缓解考前焦虑呢？我在这里给大家提供几种方法。

1. 跟孩子一起想象美好的未来

孩子最讨厌家长做什么？孩子最讨厌家长对他进行否定、指责，对他表现出失望、愤怒的情绪。有的家长经常对孩子说："你再不好好学习，考试考不好，明年肯定考不上大学，到时候你对得起谁？"像这样的话，孩子不仅不爱听，还会因此变得更烦躁、更焦虑。

与其如此，我们不如放平心态，跟孩子一起朝着更好的方面想象一下。比如，你可以对孩子说："还有一个月就考试啦，我都能想象出你拿着成绩单出来时笑眯眯的样子！"你还可以这样说："哇，还有一年你就要上高中啦，我要想象一下你上高中的样子，骑着单车，背着书包，帅爆了……"

在成绩翻转训练营中，我一直建议学员多想象孩子提高成绩后的美好场景，并且要和孩子一起来想象。通过这种方式，孩子就会看到自己积极的一面，再面对眼下的考试时，就会觉得这不过是暂时的困难，一定可以克服，因此也愿意朝着更好的方向去努力，从而远离焦虑的情绪。

2. 允许孩子寻找自我放松的方式

有些家长跟我反映，孩子经常在网上看一些搞笑的小视频，笑得前仰后合，要不就看一些玩具的玩法，如水晶泥、积木等。家长觉得很无语，认为孩子就是在浪费时间，都面临考试了，还不认真复习，看这些东西有什么用？

但当家长跟孩子说时，孩子又会很反感，而且家长越不让看，孩子就越偷偷摸摸地看，弄得家长既焦虑又无可奈何，只好不停地问我："小渔老师，你说应该怎么办啊？"

当家长跟我反映这些问题时，其实我是站在孩子一边的，为什么孩子就不能看一些小视频或看一些自己喜欢的小玩具的玩法来放松放松心情呢？这些原本不是什么严重的问题，家长却上纲上线，认为孩子一天到晚就应该学习、学习、再学习。如果这样，那么我觉得你给孩子施加的压力实在太大了！

以孩子在网上看水晶泥、橡皮泥、积木的玩法为例。其实我经常提倡让孩子玩这些东西，为什么？因为孩子在玩这些东西的时候，内心会获得一种平静和安全感。以前我也接触过一些个案，就是孩子特别爱玩这类玩具，我就问他们为什么会喜欢这类玩具。他们告诉我，用水晶泥、橡皮泥、积木等随便做成各种形状和样式，会让他们产生一种类似"创造世界"的乐趣。有些孩子还表示，在玩或看这类玩具时，他们的内心特别满足，不会再有那么多的焦虑和紧张的情绪。

所以，我建议各位爸爸妈妈，当发现孩子看这类玩具的玩法视频时，或当孩子想动手玩玩时，不要那么焦虑，这对孩子来说并不是什么坏事，而是一种非常好的解压和发泄情绪的方式。当你再发现孩子在看这类玩具的视频时，不妨过去温柔地跟孩子说："你喜欢这个吗？我也很喜欢，看完这个后心情会非常放松。"

妈妈不焦虑 孩子更独立
—— "共情"比讲道理更管用

如果孩子发现你跟他有一样的感受，他就会觉得你很懂他，很理解他的情绪，这时你其实在不经意间就排解了孩子的负面情绪，让他的焦虑得到了一定的宣泄。这也是我一直强调的情感养育法，你只有能与孩子共情，才会让孩子从爸爸妈妈那里获得战胜一切困难的力量和勇气。

3. 将学习的自主权还给孩子

我们现在常常说精英教育，到底什么才是精英教育呢？是不是在孩子身上投入大量的金钱，把孩子送入贵族学校学习，就是对孩子进行精英教育了呢？

当然不是。精英教育的最大特点就是你要引导孩子思考两个问题：他要成为什么样的人和他要为别人成为什么样的人。孩子只有明确了这两个问题的答案，才能找到自己学习的原动力。

而在现实中，因为焦虑，有些家长会不断地在孩子耳边说你应该这样或你应该那样，而孩子并不知道自己要成为什么样的人，只知道是爸爸妈妈要我这样做的，学习也是为了给爸爸妈妈一个交代。如果感觉自己不能满足爸爸妈妈的要求，那么他就会非常担心、非常焦虑。

所以在面对孩子的学习时，我们要时刻提醒自己，不要在孩子面前表现出过度的担心和焦虑，将学习的自主权交给孩子。尤其在孩子即将考试时，更不要每天在孩子耳边不停地催促、说教，而是问问他："你想取得什么样的成绩？你为自己的目标付出了哪些努力？你认为自己的努力能够实现目标吗？"

如果孩子给出了肯定的回答，你就用笃定的语气对他说："妈妈相信你自己可以做到。"如果孩子有些不确定，你可以继续引导他："你认为自己的问题出在哪里呢？你打算怎样去突破？你需要妈妈提供哪些帮助呢？"

总之，在你把学习的自主权交给孩子后，孩子才能真正意识到学习、考试是自己的事。只有在为自己的事奋斗时，孩子才会努力挖掘自己的潜能，努力实现自己的目标。

7.2 怎样协助孩子轻松备考

每当孩子面临考试时,家长都会非常重视,但有些时候,家长越重视,孩子压力越大,结果在考试时很难正常发挥,甚至还会发挥失常,留下遗憾。

为什么会出现这样的状况呢?原因就在于孩子的心理素质较差,一遇到考试就紧张,一紧张起来,原本会做的题也忘记怎么做了,结果自然很难考好。孩子心理素质不好,究其原因还在于家长。

在我接触的个案当中,这种情况很常见。曾经有一位家长跟我说,孩子一到考试前一周就开始整夜睡不着觉。哪怕她不停地安慰孩子,也无济于事。孩子每天看起来都很焦虑,也学不下去,说多了孩子还烦,自己回房间把门一关,连吃饭都不出来。经常等到饭都凉了,孩子才皱着眉头出来,随便扒拉一口又回房间了。

其实在成绩翻转训练营的家长群中,不少家长在交流时都会反映这种情况。我发现,根据孩子对外界的影响做出的反应,可以将孩子分为两类。一类孩子是大大咧咧的，平时成绩中等，心理承受能力较强，对自己要求也没那么高，在考试前生活和平常一样，但考试时往往能发挥正常。

另外一类孩子，平时成绩比较好，容易受外界环境影响，尤其一到考试就开始焦虑，担心考不好，担心被其他同学超过。如果此时和他们成绩相当的竞争对手进步很快，他们的压力就更大了。

对于第一类孩子，我们一般无须过度关注。反倒是第二类孩子比较令人操心，这类孩子通常会比较在意外界的评价，在心里也经常拿自己跟其他同学做比较，生怕别人超过自己。究其根源，还是与家长有关，家长很可能在平时有意无意地拿别人的孩子与自己孩子做比较，衡量孩子的学习情况、进步程度等。久而久之，孩子就容易将注意力放在外界，却很少关注自己的成长和进步。在备考期间，孩子看到的都是别人的努力和取得的成就，却看不到自己的努力和成就，这时心里就会自然而然地焦虑起来，担心自己失败，担心自己让家长失望、被别人嘲笑。

很显然，这样的心理状态对孩子备考是很不利的，肯定会影响孩子的正常发挥。

那么，我们怎么做才能让孩子的心理素质变得强大起来呢？

1. 引导孩子将对他人的关注转移到自己身上

通过多年对家庭教育问题的研究，我发现，之所以孩子在学习上容易受到外界的影响，尤其是竞争对手的影响，是因为在家庭教育中，家长过度强化孩子的错误。比如，当孩子考试不理想时，有的家长马上就会对孩子说："你怎么才考这么点儿分？你看别人考得都比你好！"有的家长会这样说："这些题平时都会做，怎么一考试就出错呢？"这只会加重孩子的心理负担。孩子在下次考试时，就会担心自己又考不过别人，担心又会在一些题目上出错，带着这样的心理，他能不紧张吗？

事实上，这类孩子最需要的是家长对他的认同和鼓励，所以家长最好每天都能找到孩子的一些进步点，引导孩子将对外界的关注、对他人的关注转移到自己身上，引导他不断去发现自己的力量。要做到这点，家长就不要经常拿孩子与其他人比，而是让孩子跟之前的自己比。比如，你可以这样对孩子说："你这次的成绩比上次有进步，尤其是作文，进步非常大哦！"也可以这样对孩子说："哇，我记得上次月考你这几类题目都有错，这次全都对了，真棒！"或者这样说："我发现你这次考试中的书写水平大有提高啊，字迹越来越清晰了。"

总之，多关注孩子进步的地方，强化孩子对自己的认同感，帮助孩子将考试时那种紧张、焦虑的负面情绪逐渐释放出来。这样孩子的心理压力才会减轻，孩子才会更有信心去面对后面的学习。

2. 不要给孩子设定太高的目标

家长给孩子设定目标是好事，可以让孩子更有学习的动力，但要注意，你为孩子设定的目标千万别太高，要从短期目标开始，千万别指望孩子能一口气吃个胖子。

如果孩子的学习成绩不是很好,那么你为他设定的考试目标要符合他的实际情况。比如,孩子上次考试数学考了80分,那么这次可以把目标定在85分,而不是定在95分。如果你为孩子设定的目标很高,孩子就会担心自己达不到这个目标,从而产生焦虑心理;相反,如果你发现孩子最近学习进步较大,你为他设定的目标也不是很高,那么孩子就会感觉学习任务没那么重,在心理上也会比较放松。

我们都有一种感觉,就是当我们为自己降低一些任务量时,在完成任务的过程中就会有一种轻松感,结果很容易就完成了,甚至还会超额完成。假如我们给自己布置了一大堆任务,一想到就感觉很沉重,那么我们在完成过程中就会觉得很吃力,甚至会影响状态,效率也很低。

孩子的学习同样如此,当他感觉目标没那么难实现时,在备考期间就不会那么焦虑,这更容易促使孩子超常发挥。

3. 帮助孩子摆脱习得性无助的状态

前面我们说的是平时比较容易受外界环境影响的孩子,针对这类孩子,我建议家长多让孩子关注自身的进步,同时给孩子设定合理的目标,帮助孩子将关注点放在自己身上,多让孩子看到自己的优点和进步,从而缓解焦虑情绪,轻松面对考试。

妈妈不焦虑 孩子更独立
——"共情"比讲道理更管用

还有一类孩子，他们完全屏蔽掉了别人对他的评价，他们的内心似乎是完全脱线的，他们认为别人爱说什么说什么，爱怎么竞争怎么竞争，跟自己无关。无论家长怎样苦口婆心地劝说、引导，都无济于事。

这又是什么原因呢？我经过研究发现，这类孩子长时间找不到自己的内在价值，或者始终没有太多成功的体验，经常处于失败状态，慢慢地他就会对体验成功失去兴趣，心理学上称这种状态为习得性无助状态。

孩子出现这种状况，仍然与家长有关，或者说是由家长内心当中的投影源导致的结果。我经常在讲课中强调，孩子的所有行为问题，包括情绪问题，都是家长内在的投影源投射到外界而出现的一种现象。这就像看电影一样，当你发现投射到大屏幕上的电影画面看起来不清楚时，不是因为大屏幕有问题，而是因为投影源出现了问题。

孩子就是大屏幕上的画面，而家长的内心就是投影源。如果家长对孩子的认知出现偏差，如认为孩子就不是一块学习的料儿，或者认为孩子就是学不好某一科，或者认为孩子没耐心、专注力不好，渐渐地这些认知就会变成现实。

如果你在日常生活中经常这样评价孩子，而你的孩子也确实"如你所愿"，成了你口中的样子，那么我建议你赶紧改变自己的教育方式，从今天起，引导孩子慢慢摆脱习得性无助状态。

为了不引起孩子的反感，你可以从日常生活中和学习无关的事情入手。比如，让孩子和你一起去解决一些问题，如"宝贝，你过来看一下，这个事情妈妈解决不了，你跟我一起想想办法呗""妈妈做这件事不如你灵巧，你来帮帮妈妈好吗"等。通过这种方式激励孩子去思考、探索，并且在孩子帮你完成一件事后，要及时表扬和肯定孩子，让孩子体会到成功的快乐，从而慢慢摆脱习得性无助状态。

同时，你还要多给孩子激励你的机会。比如，你可以对孩子说："宝贝，你看妈妈今天做的这件事有没有进步？"你还可以这样对孩子说："你来评价一下，妈妈今天完成的这项任务怎么样？"除此之外，你还可以把自己如何完成任务、克服了哪些困难等说给孩子听，让孩子了解通过努力取得成功的过程。只有这样，孩子才会逐渐体验到成功的感觉，并愿意为成功付出努力，在学习上也会慢慢想要去追求成就感。如何体验学习上的成就感呢？就是通过考试证明自己。要想通过考试证明自己，在备考时孩子就会渐渐产生竞争心理，并由此产生学习动力，成为一个真正的强者。

7.3 有效助力孩子的考试

考试是学习过程中不可或缺的一环,备考则是考试过程中重要的组成部分,所以每当面临考试时,孩子都需要紧张地备考。在备考期间,家长的助力很重要,助力得当,可以让孩子获得持久的耐力和敢于直面自己、迎接考试的勇气。而且备考原本就是一个自我习得、自我约束和自我提高的过程,过程好了,结果就一定是好的。

但是我发现,很多家长在为孩子助力时往往显得手足无措,采取的方法也不对,结果不仅没有帮助孩子缓解紧张的情绪,还增加了孩子的心理压力。我也经常接到一些家长的咨询:"小渔老师,我们到底要做什么,才能真正帮助孩子正确地面对考试呢?"通常这时我都会告诉他们:"其实你们不需要天天想着要为孩子做什么,而是要想你们不要做什么。"

很多家长不理解这句话,怎么就"不要做"呢?那么怎么帮助孩子?

在孩子考试前,很多家长由于过分担心孩子的状态,都会对孩子表现出过多的关注和关心。这不仅不能缓解孩子的紧张情绪，还在一定程度上打扰了孩子，让孩子觉得更加不自在，无形中就给孩子增加了压力。

所以，我经常建议家长把孩子考试这件事平常化，而不是特殊化，就把它当成生活中一件普通的事对待，反而更容易让孩子放松。在备考期间，家长最忌出现下面几种心理，因为这些心理很容易增加孩子的负担。

1. 恐惧、输不起心理

每当孩子要考试时，很多家长比孩子都害怕，特别担心孩子发挥不好，担心孩子名次落下来。之所以如此，是因为你对孩子的期望过高了，总怕孩子不能满足自己的期望。尤其当孩子的一些行为不能匹配自己期待的样子时，你就会非常紧张、害怕，继而不断给孩子施压，要求孩子按照自己期望的去做，结果既让孩子反感，又增加孩子的压力。

人生本来就不可能永远都处于赢的状态，输是不可避免的。赢了自然开心，输了也不代表永远失败，下次继续努力就好。但你的过分担心对孩子来说就是一份不信任，同时也在暗示孩子他不够好、不够优秀，否则你为什么会害怕孩子失败呢？这样在无形中你就把自己的焦虑传递给了孩子，让孩子承担了双重焦虑。

所以，你会发现有些孩子越是在面临考试时，越会偷偷摸摸玩手机、打游戏，那是因为他们的心理已经承受不了太多的焦虑了。

妈妈不焦虑 孩子更独立
——"共情"比讲道理更管用

这是一种典型的鸵鸟心态。什么是鸵鸟心态？当鸵鸟面临危险时，它就会把头埋进自己的翅膀里藏起来，假装没看到。孩子产生鸵鸟心态，其实是因为其承受的压力太大，而不是不上心或不上进。在严重的情况下，孩子甚至会被你的担心、输不起心理吓成了重启心态，他就会想："算了，反正我也考不好，大不了挨批评呗。"或者会这样想："算了，反正我也考不上大学了，不行就复读。如果复读也不行，大不了我就不读书了呗！"

孩子原本没有那么差劲，结果却在家长的焦虑情绪中逐渐放弃了自己，这是不是太得不偿失了？所以，面对孩子的考试，你不妨用一颗平常心去对待输赢成败，并相信孩子能够发挥出他的最佳状态。这样才能让孩子真正放松下来，正确面对考试可能出现的状况和结果，考出自己较好的水平。

2. 想得太长远

只是一次考试而已，你真的没必要想那么长远。哪怕是高考，也不能完全决定人的一生，它只不过是对孩子十几年学习过程的一个总结。孩子今后还有很多个十几年，还可以发生很多改变，甚至做出很多成绩。如果你从孩子的一次考试就联想到孩子以后几十年的人生，那么一旦孩子考试不理想，你就会非常失望，还会把这种失望的情绪转嫁到孩子身上，让孩子对自己产生怀疑。我们常说，一个相信自己的人，未来才能走得更长远。而一个常常自我怀疑的人，又怎么能对自己的未来有信心、有期望呢？

3. 过于敏感、过度紧张

有些家长对孩子的言行太过敏感，孩子稍微有些变化就紧张不已。比如，孩子今天写作业怎么比平时慢了？孩子今天回来怎么不太开心呢？孩子今天怎么比昨天睡得晚呢……甚至还不断地去追问孩子。有的问："儿子，你今天写作业怎么慢了，是题太难吗？"有的问："宝贝你今天怎么有点儿不开心呢，是被老师批评了吗？一定要听老师的话啊，千万别影响了考试！"有的问："宝贝你怎么这么晚还不睡，会不会影响明天的考试？可不能这样呀，考试考不好怎么办啊？"

原本孩子没什么大事，状态也没那么糟糕，但被你的敏感过度放大后，孩子的状态就会受到影响。即使你不停地向孩子强调"宝贝，你不用紧张，不管你能不能考好，妈妈都爱你"，孩子的心态也会出现波动。孩子不仅不会因此而放松，还开始担心自己考不好。

总之，孩子稍微有些变化你就紧张得不得了，孩子的什么事你都想介入，甚至想植入自己的需求，自己什么都想为孩子做，反而很容易引起孩子的反感和抵触，孩子的负面情绪也会被不断放大，这才是最不利于孩子考试的心态！

在孩子准备考试的这个阶段中，家长所扮演的角色是孩子的支持者，而不是掌控者。支持者是什么样的？我们可以对照一下自己平常对待孩子的状态，包括与孩子的互动、对孩子生活的介入频率等。在备考阶段，你只需要保持平常对待孩子的状态即可，这样孩

187

妈妈不焦虑 孩子更独立
—— "共情"比讲道理更管用

子才会在一个稳定的环境中保持稳定的心态。

相反，如果你突然之间对孩子的学习和生活管得特别多、关心特别多、介入特别多，孩子就会真正感到压力，甚至产生一种被控制的感觉。这不仅会令孩子反感，还会增加他的心理负担。

拿我的父母来讲，在我读书期间，不管我参加什么样的考试，他们基本都是和平常一样，没有特别关注我的生活和学习，也不会刻意多给我做些好吃的或多照顾我一些。如果我需要什么，爸爸就会给我买；如果我想吃什么，妈妈就会给我做。

所以一直以来，我都能把自己的状态调整得很好，想休息时就休息，该学习时就专心、投入地学习。因为我很清楚，我是有权利也有能力调整自己的心态的，而不会担心爸爸妈妈会有什么情绪转嫁给我或影响到我。

所以，在孩子考试前，家长的心态太重要了。具体来说，我希望家长能在这个阶段用一种平和、淡定的心态来面对孩子，可以在休息时给孩子讲讲自己的故事，让孩子觉得你现在对他来讲是一个真实的人。

你可以给孩子讲讲自己以前的学习经历、以前遭遇的失败和获得的成功，以及你对人生的一些看法或生活感悟等，甚至包括你对未来的一些向往。当然，这种向往不是你对孩子考试成绩的向往，而是你对孩子在考试之后的生活的向往，如你们可以一起去旅游、一起去做一件有意义的事等，让孩子懂得人并非只为一个考试而活着，还有很多事值得去做。这种方式看似并不能为孩子做什么，其实却能很好地帮助孩子放松身心，调整状态，让孩子能够以一种轻松的、毫无负担的心态去面对即将到来的考试。

7.4 引导孩子学会有效复习

在每次考试后，我们都能听到一些孩子说自己发挥失常了，没考出自己的真实水平，但也有些孩子超长发挥，考出了很好的成绩。所以很多家长就比较关注自己孩子的考试，想知道怎样才能让孩子在考试过程中超常发挥。要应对考试，前提是进行复习。那么，在复习阶段家长怎么做才能让孩子在考试中正常发挥乃至超常发挥呢？

学习的过程主要分为知识的存储和知识的提取。在平时的学习中，孩子主要进行的是知识的存储，而考试则是知识的提取。所以我们有时会发现，一些孩子平时学习很努力，但考试未必能取得好成绩，为什么？原因就在于他平时可能会做很多题，搞题海战术，却失去了非常重要的一个能力——提取知识的能力。这样一来，在考试时就不能把平时所学的知识应用起来，结果自然是难以取得好成绩。

所以，在孩子考试前的复习阶段，继续让孩子搞题海战术是无效的，你必须引导孩子学会提取自己之前学过的各种知识。怎样提取呢？我下面推荐的方法相信可以帮到家长和孩子们。

1. 引导孩子把学过的知识点串成线

怎样把学过的知识点串成线呢？

以英语为例，如果孩子背一个单词，那么与这个单词相联系的知识点有哪些呢？与这个单词相联系的知识点包括这个单词的读音、词性、用法、近义词、反义词等。比如，这个单词一般会用在哪些句式当中，我们在生活中是否会经常用到这个单词，它有没有引申的含义，在之前的考试中这个单词是否出现过、出现的频率高不高，以及以哪种形式出现，等等。

这样一来，与这个单词相关的知识点就被串起来了。孩子只需要复习一个单词，就能把与其相关的知识点全部掌握，从而把知识点扩大成了知识网。在考试时，只要卷面中出现这个单词，那么与它相关的考题就能够得到解答。

同样，对于其他知识点，也可以让孩子用这种方法进行复习。

2. 引导孩子对相同题型进行总结

对于一些孩子在考试前仍然搞题海战术的复习方式，我是不太赞同的。与做大量的习题相比，我更提倡让孩子学会对相同的题型进行总结。

比如，孩子在做题时发现一道题与之前做过的一些题目很相似，那就不要忙着去解答它，而是回顾一下之前做过的那些题，再

妈妈不焦虑 孩子更独立
——"共情"比讲道理更管用

认真看看这道题与之前做过的那些题有哪些相同之处。是需要用到相同的公式,还是可以用相同的思路来推理?这几道题提出的问题是否都一样?如果不一样,它们分别提出了哪些问题?这些问题之间是否有一定的关联性?

再比如,一些知识点是容易出现在填空题中,还是选择题中,或者是问答题中?相同的知识点出现在不同的题型中,我们怎样才能又快又准地解答出来?

在孩子的复习阶段,家长一定要提醒孩子用类似的方式来总结、提炼出各种题型的知识点。只有熟练地掌握了各种题型中的知识点,孩子才能将考卷中的题目与自己归纳的题型进行匹配,然后运用对应的方法快速解答出来。这要比孩子抱着习题集一遍遍地刷题、背题有效得多。

3. 激发孩子最高的动机水平

以上两点都是关于孩子在考试前复习时如何快速掌握知识点的内容,接下来我们再说说孩子在考试前的情绪问题。

有些家长可能要说:"小渔老师,你在前面不是一直在强调要减轻孩子的考前压力,让孩子轻松地面对考试,怎么在这里还说情绪问题呢?"

其实,我在前面一直强调的减轻孩子的考前压力,是要求家长减轻自己给孩子带来的压力,而不是让孩子自身减轻压力。事实上，孩子在考前给自己施加一些压力，反而是有利于他在考试期间超常发挥的。

为什么会这样呢？

在教育心理学中，有一个"个人动机水平"的概念，意思是说，当一个人在准备做某件事时，如果他的个人动机水平达到最高，那么他的能力发挥程度也会达到最高水平。简而言之，孩子给自己施加适当的压力，不仅不会给他的考试发挥带来负面影响，反而还能促使他超常发挥。

所以，请家长减轻自己给孩子造成的压力，如不要过度焦虑、紧张，也不要给予孩子过度的关注，但要引导孩子自己给自己施压，这样他才能在考试中更好地发挥。

但是，很多孩子在面对考试的压力时都不能很好地调节自己的情绪，甚至会表现出几种极端的情况，最常见的就是不相信自己，回避压力。比如，有的妈妈在孩子考试前问孩子："你相信自己这次能考入全班前十名吗？"孩子可能就会说："我不相信，我考不了。"如果孩子平时学习成绩很好，一到考试复习阶段情绪就很低落，并且对自己的能力完全不信任，那么他的个人动机水平就比较低。简单来说，个人动机水平比较低表现为缺乏自信，对自己的能力不信任、不接纳，自然也不愿意去挑战自己。

面对孩子的这种情况，我们应该怎么做呢？

我的建议是在平时多给孩子一些积极的暗示，如经常对孩子说

妈妈不焦虑 孩子更独立
——"共情"比讲道理更管用

一些肯定的话。你可以这样说:"哇,你的成绩又上升了,这才是你应该有的水平!"你也可以这样说:"你这次考试考得不错,完全是正常发挥的水平,但我相信你还可以发挥得更好一些!"或者这样说:"你的能力是毋庸置疑的,我认为你只要在考试时正常发挥,考入理想的学校是没什么问题的。"

哪怕孩子某次考试失利了,也不要刻意去安慰孩子,更不要打击他,只需对他说:"偶尔一次考试失常没什么大不了,找找原因,下次补回来。"慢慢地孩子就会觉得,偶尔考试失败并不能反映自己的真实水平,只要自己认真找一下原因,查漏补缺,下次肯定能考好。

经常给孩子一些积极的暗示,孩子就会从内心相信自己是优秀的,也是值得拥有好成绩的,是配得上成功的。在这种情况下,孩子就想要验证自己的能力,追求更大的成功,因而就会在考试前适当地给自己一些压力,让自己更重视即将到来的考试。在复习时,无须家长督促,他们自然而然地就产生了更多的主动性和积极性。

7.5 艺考生如何在考试中充分发挥

在成绩翻转训练营中,家长经常向我咨询的不仅有孩子的学习、情绪等问题,还有孩子的考试问题。在这些参加考试的孩子当中,有一类比较特殊的考生,就是艺术考生,他们占有很大一部分。一些艺考生的家长在孩子考试前来问我:"小渔老师,孩子现在备考特别紧张,我们怎么做才能帮帮他呢?"

家长的心情我十分理解,但到底如何才能帮助艺考生在考试中发挥自己的潜能,考出理想的成绩呢?这确实需要讲究方式和方法。在这里我给大家分享一下我的经验,其实这些经验不仅对艺考生有帮助,对普通的考生也有一定的参考价值。

我们知道,意识是大脑的产物。科学研究发现,在我们的意识中,真正发挥功能的只有12%,很多真正的技能都存储在我们的潜意识当中,我们大多数的行为和思想都来自潜意识。如果我们将潜意识中的能量激发出来,那么我们的大脑就会发挥更大的作用。

妈妈不焦虑 孩子更独立
——"共情"比讲道理更管用

对艺考生来说，他们的潜意识其实是比普通考生要活跃的。我经常说，人画画的过程，就是将潜意识投射出来的过程。所以一个艺考生的潜意识越活跃，他在面对考试时就越能发挥出最高的潜能。同样的道理，作为普通考生，如果你潜意识中的知识和技能得以发挥，那么你之前通过学习和生活积累的所有能力将会形成一个整体，让你在考试过程中将所学的知识发挥到极致。

那么，我们怎样才能调动大脑中的潜意识，让它充分发挥效用，为考生助力呢？

要解决这个问题，我们先要弄清人在潜意识中需要什么。我在这里简单给大家分析一下。

1. 人在潜意识中会十分需要安全感

我们都有过这样的体验：当我们感到紧张、害怕时，大脑忽然就不听使唤了，越着急想把一件事做好，越慌乱得不知如何下手，这就是我们常说的"大脑一片空白"。

之所以出现这种状况，是因为在紧张状态下，我们的身体会出现一个自动反应机制，叫作"战斗逃跑模式"。你的潜意识一旦感觉到危险、紧张、焦虑，就会触发这个机制，这个机制会令你的身体进入一种准备战斗或者准备逃跑的模式，表现出来的状态就是肌肉紧绷、瞳孔扩大、皮肤血管收缩、消化系统和免疫系统关闭等。目的就是让身体聚集起更多的能量，随时准备战斗或逃跑。

如果你带着这种状态去战斗或逃跑，那么自然是有效的，但如果你带着这种状态去参加考试，是很难考好的。所以，要想让我们的潜意识充分发挥效能，我们就要为潜意识提供充分的安全感。潜意识的特性和水的特性有些相似，你越是搅动它，就会把它搅得越浑浊。在平静的状态下，它反而显得更清澈、明晰。

那么，怎样为潜意识提供安全感呢？

我通过观察发现，很多家长在孩子备考期间简直比孩子还紧张。尤其是在中考或高考前，对孩子的日常起居格外关注，甚至在考试前让孩子住五星级的宾馆。还有些家长会在孩子备考期间给孩子更换特别有名的辅导老师，或找特别有利于学习的环境。

但我想说的是，在最后的冲刺阶段，你为孩子提供的所有新鲜的事物、陌生的环境，以及为孩子更改一些生活习惯等，都会给孩子带来不安全感。因为人的本能都是对熟悉的事物产生定向的联系，而后才会形成安全感。而太多带有不安全性的信息、一些未知的东西，都会令孩子的大脑产生压抑和焦虑情绪。不管是你为孩子更换住宿条件，还是更换老师、更换辅导班等，对他都是不利的。尤其对艺考生来讲，其实他到最后需要的是一种野性的发挥，这种野性才是创造力的真正源泉，但这种野性的发挥离不开自由，也离不开安全的环境。你只有为孩子营造一个能够促使他灵感爆发的氛围，才能让孩子发挥出应有的潜力。

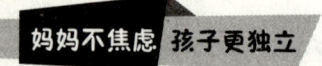

2. 大脑需要充足的睡眠

大脑当中所有的记忆都是通过前额叶转换到海马体的，然后经过睡眠，海马体将短时记忆转变成长时记忆，这就是睡眠对大脑非常重要的原因。所以我建议，不管是艺考生，还是普通考生，都切忌在备考阶段熬夜奋战，一定要保证充足的睡眠，让大脑获得充分的休息。

在孩子获得了充足的休息后，他再去温习之前学过的基础知识，以及那些曾经做过的习题，就能慢慢寻找到当时在理解这种知识和解答这些习题时那种顿然领悟或灵光一现的感觉。如果能反复去寻找和经历这种感觉，那么大脑的突触与突触之间就会不断产生一种类似放电的现象。当大脑神经元出现这种类似放电的现象时，大脑就会变得越来越灵光。

所以，与其在考试前大动干戈地为孩子做这做那，不如给孩子提供一个能够真正放松下来的环境，让孩子拥有足够的睡眠。

3. 用冥想放松身心，让考试超常发挥

接下来，我教大家做一个冥想练习，这个练习对考生在考前放松身心、在考试期间超常发挥都是非常有帮助的。

第一步，深呼吸。找一个舒适的姿势让自己坐好，然后开始进行深呼吸。这个深呼吸不用太夸张，但也要让自己听到呼吸的声音。因为只有这样你的意念才能集中，你才不会在呼吸时还想着其他繁杂的事情。这样的深呼吸我们在一分钟内大概能做6次，每次大

约持续10秒钟。

第二步，闭上眼睛，感觉眼前出现了一轮明月。这轮明月的位置在哪儿不重要，重要的是你要注视这轮明月1分钟左右，想象这轮明月照亮了所有的夜空，你在月色中静静地观赏着它，身心放松、愉悦，这时你的意识和潜意识才能逐渐达到交融的最佳状态。

第三步，将自己最想考的分数或最想去的学校在意念中进行积极的暗示。比如，你要考650分，或者你最想去某所学校，并告诉自己"我可以""我能行"，这样进行积极的暗示1分钟。

在备考阶段，你可以让孩子每天花3分钟的时间进行一次冥想。哪怕孩子坐在考场中马上准备考试了，也可以进行一次这样的冥想训练，让自己紧张的心情逐渐平复下来，以最好的状态迎接即将开始的考试。对艺考生这种画面感特别强的孩子来说，这种冥想练习会更有利于他们在大脑的意识和潜意识之间建立联系，从而充分发挥自己的潜能，取得出色的成绩。

Chapter 8

第 8 章

家庭加油站：
被情感赋能，孩子才会健康成长

一个人的成长与他的原生家庭有着千丝万缕的联系，而且这种联系会影响他的一生。所以我在讲课时经常向家长们强调：我们现在就是孩子原生家庭的重要组成部分。我们自己无法选择原生家庭，但可以给孩子创造一个充满温馨与爱的原生家庭。要创造这样的家庭环境，夫妻之间的相处方式、夫妻二人对孩子的教育理念等，都显得异常重要。如果夫妻之间关系亲密、相处融洽、善于共情，且夫妻二人对孩子教导有方，那么孩子就会从中受益，并因此而主动成长，形成积极、健康的人格，未来也会充满无限可能。

8.1 夫妻巧妙相处，孩子未来可期

在最近的很多个案中，我发现不少妈妈抱怨自己的丈夫缺乏责任心，对孩子的教育关注不够，或者教育孩子的方法不科学，对孩子缺少耐心，动不动就打骂孩子，或者因为工作关系很少在家，与孩子关系疏远等。

其实，在孩子的成长过程中，父亲角色的缺席是一种很普遍的现象，大多数家庭中的父亲都不太善于教育孩子。面对这样一种在短时间内无法改变的现状，很多妈妈就来问我："小渔老师，你说我们应该怎么办呢？"

对大多数妈妈来说，在少女时代可能都曾幻想过有一位白马王子来为自己带来幸福。在恋爱阶段，我们又往往被当成公主一样宠爱着，让我们对未来的幸福家庭满怀憧憬。

然而，在我们满怀美好期望迈入婚姻殿堂后，却发现很多事情与我们当初想象的存在一定的出入。比如，夫妻双方的价值观不一致、对孩子的教育理念不同等。于是各种矛盾随之产生。

妈妈不焦虑 孩子更独立
——"共情"比讲道理更管用

我遇到过很多这样的案例，在经过分析后我发现，出现这些状况的原因很简单，就是夫妻双方的一些认知出现了问题。以女方为例，大多数女性在结婚时都认为，自己之前的美好憧憬即将在家庭生活中变成现实，丈夫会无条件地接纳自己、疼爱自己，但真相是什么呢？真相就是琐碎的婚姻生活使当时很多美好的梦想都破碎了。

为什么会这样？原因就在于你没有意识到夫妻之间其实就是一种合伙人关系。你可能接受不了我的这种说法，但我说的"合伙人关系"并不代表双方没有爱情，合伙人之间同样是有爱情的，只不过这种爱情需要合伙人共同经营，彼此互相弥补，为了共同的目标一起生活下去。

回到家庭当中，我建议妈妈们这样来与自己的丈夫和孩子相处。

1. 学会经营自己

很多女性说，我跟我丈夫性格不合，那么我问你一下，"性格"的第一个字是什么？就是"性"。在刚刚结婚时，你们双方可能两情相悦、互相吸引，彼此生活也很和谐。但在几年之后，尤其伴随着孩子的到来，在哺育、教导孩子的过程中，你们在"性"上是否还在耐心经营呢？不管是对于丈夫，还是对于妻子，性都是婚姻的根本，和谐、美好的性生活必然可以让婚姻更加幸福，让家庭关系更加亲密。我想问一下女性朋友们，你们现在与丈夫还能像以前那样互相欣赏吗？如果夫妻双方越来越缺乏对彼此的欣赏，那么婚姻出现问题在所难免。从表面上看，家庭的一些问题可能是由孩子到来引起的，实质上还是夫妻双方的相处问题。

所以，我给女性朋友的建议就是请经营好自己。这种经营既包括对自我形象的经营，也包括对自己的学习能力、工作能力的经营，让自己始终处于一种成长、进步的状态中。我经常跟大家说，别人对你的印象、对你的欣赏乃至宠爱，都源于你自己是否具有足够的魅力。因此，在家庭当中，不要指责别人，因为你在指责别人的同时，还有三根手指是指向自己的，而这恰恰说明你要努力提升自己、经营自己，才能更好地经营好家庭，并使丈夫和孩子因为你而骄傲。

2. 在生活中与对方追求目标的一致性

孩子在成长过程中，不管是在学习方面，还是在与他人互动、经营人际关系方面，都会表现出与爸爸妈妈一样的模式。如果孩子在学习、生活和行为习惯上缺乏目标，就说明爸爸妈妈在生活中缺乏目标。

比如，你与丈夫以前可能生活得很艰难，在两个人的共同努力下，现在你们已经过上了比较富足的生活。人们常说："夫妻可以共患难，却很难同甘甜。"为什么？因为在患难时两个人的目标一致，同心协力地想要过上好日子。而在一切都实现后，两个人便开始心猿意马了。

妈妈不焦虑 孩子更独立
——"共情"比讲道理更管用

所以我常说，世界上没有任何一个人，包括你的丈夫、你的孩子，能与你的价值观始终保持一致。只有在目标一致的情况下，婚姻才可以更好地经营下去，家庭关系才能保持和谐。

因此，我们要在生活中多与对方去设定、追求共同的目标。比如，明年一家人要去哪里旅行，三年后要在哪里买一所房子，五年后要努力让孩子考入哪所学校……这些都是共同目标。只有在这些事上建立家庭的共同目标，你们才能齐心协力地提升婚姻质量，并让孩子从中受益，让一家人的生活变得越来越好。

3. 多发现对方身上的优点

在教育孩子方面，很多妈妈跟我反映，说自己跟丈夫的教育理念不一致，经常闹矛盾，问我怎么做才能让丈夫的教育理念与自己的一致。

每当这个时候，我都会问她们："为什么一定要去追求所谓的理念一致呢？"试图改变对方的理念，倒不如改变自己的态度，去努力弥补对方教育中的一些不足。你不必像一个领袖一样，想要去领导全家，让全家人都要与你的步调保持一致，这是不现实的。

所以，当你看到丈夫或家中其他成员对孩子的教育方式与你的不一致时，少些指责和抱怨，多从对方的优点入手，向孩子传达对方的优点。

比如，孩子在写作业时拖拉，爸爸看着很生气，就大声批评孩子。而孩子原本在妈妈的引导下已经比以前有所进步了，现在听到爸爸的批评，可能就会很沮丧，对作业的抗拒心理又增强了。这时一些妈妈就会去指责丈夫，结果一家人因为这件事闹得很不愉快。

妈妈与其如此，不如先让自己冷静下来，然后对孩子说："爸爸今天原本工作很忙，还来督促你学习，爸爸还是很爱你的！"同时也对丈夫说："儿子原来每次完成作业需要1小时，现在缩减到40分钟了，进步非常大，我们要多鼓励鼓励他！"

爸爸是如何影响孩子的？最大的影响就取决于妈妈对爸爸的评价。妈妈平时对爸爸的评价越好，孩子就会越来越认同爸爸；相反，妈妈总是抱怨、指责爸爸，不管爸爸怎么做，孩子都觉得他不好。

所以从今天起，不管是面对各种家庭问题，还是面对孩子的教育问题，我们要多看到对方的优点，想想对方曾付出过哪些努力、取得过哪些成就、尽到了哪些责任等。人都是需要鼓励和表扬的，不管是大人还是孩子，被鼓励、被表扬都会让他们的内心产生愉快感。同时，鼓励和表扬也会强化他们的责任感，促使他们去追求更高的目标。

8.2 把老公培养成好爸爸

在听完我之前的一些课程后,有些妈妈跟我反映:"小渔老师,以前在没听你的课时,觉得自己的老公还可以。结果在听完你的课程后,我发现我老公越来越不顺眼了,不但自己不上进,还对孩子的教育指手画脚、毫无原则,好的时候怎么都行,不好的时候上来就训孩子,完全没有耐心,真让人受不了!"

还有妈妈说:"小渔老师,我一看到老公惯孩子就生气,孩子现在被他惯得都敢跟我顶嘴了,你说这可怎么办?"

我相信这类现象在家庭当中应该比较普遍,但出现这种现象绝对不是我讲课的初衷。我讲课的目的是希望大家通过学习我的课程促进家庭关系的和谐,同时更加科学、积极、正向地教育孩子,让孩子健康、快乐地成长。所以,大家在学习时一定要明白一点,就是看问题要深入一些。

事实上,我们既然学习了课程,为什么不能融会贯通呢?人性本来就是一致的。如果你能够理解孩子的情绪、看到孩子的优点、欣赏孩子的进步，那么同样能够理解老公的情绪、看到老公的优点和欣赏老公的进步。你也知道不应该去强化孩子的某个缺点，因为你越强调，孩子的缺点就越严重，反而更容易形成不好的习惯，对老公也是如此。所以，想让老公成为一个好爸爸不是靠抱怨、指责就能够实现的，而是靠下面的方法实现的。

1. 多强化对方身上的进步和优点

在前面我曾经说过，想纠正孩子身上一些不好的行为，就要多看到孩子身上的长处、优点和进步。通过不断强化孩子身上这些好的方面，让孩子主动、积极地向好的方面发展。

这种方法对老公同样有效。有时候，我们可能对老公的一些言行感到不满，那么不妨暂时忽略，降低自己内心对他的期待，或者在事后与他进行沟通。尤其在对孩子进行教育的问题上，尽量不要当着孩子的面与对方争吵。这样不仅于事无补，还可能使孩子陷入困惑之中，不知道爸爸妈妈到底哪一方才是对的，自己到底应该听谁的。

相反，当老公表现出一些好的行为时，我们要当着孩子的面给予对方直接、真诚的赞美，以强化他的这些优点和进步。同时也让孩子知道，爸爸的这些行为是对的，是他应该学习的行为。

2. 借助孩子来表达对老公的欣赏和崇拜

经常会有一些妈妈向我表达她们的一些担忧，有的妈妈说："小

妈妈不焦虑 孩子更独立
——"共情"比讲道理更管用

渔老师，如果我对老公太好，经常表扬他、夸奖他，他会不会越来越骄傲，不把我们当回事了？"

我会告诉她们，这种担忧是多余的。我在前面说过，夫妻关系其实就像合伙人关系，合伙人怎样做才能把共同的事业经营好呢？合伙人需要互相督促、互相帮扶、互相成就，让彼此的价值感都获得提升，这样事业才能长久地做下去。

所以，在夫妻相处过程中，你不仅要时刻提升自己的价值，还要努力使对方从心性、财富、社会地位和自我价值等方面获得提升。当你能够给予老公足够的价值感时，对方自然会十分享受与你在一起的这个过程，又怎么会不爱你呢？

遗憾的是，现实中的很多妈妈总是喜欢挑剔自己的老公。

比如，在我接触的很多个案中，妈妈们一上来就开始跟我诉苦。有的说："小渔老师，我简直要被我老公气晕了，他一点儿都不管孩子，什么都指望我！"有的说："小渔老师，我觉得日子真过不下去了！我工作出差，让我老公在家带两天孩子，结果孩子就生病了！"

人都有趋利避害的本能，当一个人觉得跟你在一起时总是被指责、被打击，他就认为你根本不理解他，因此很自然地就想要躲开。在家庭当中也是一样，当丈夫总被妻子挑剔、指责、抱怨时，他就会觉得这个家是不需要他的。在教育孩子方面，你总是抱着批判的态度看待他的教育方式，他就会下意识地认为自己不擅长教育孩子,既然如此,为何不远远躲开享清闲呢?

所以,好老公、好爸爸都不是天生的,而是妈妈们慢慢培养、"调教"出来的。如果你能多让孩子与爸爸互动,然后借助孩子来表达对老公的理解、欣赏与崇拜,那么很快你就会发现,你的老公已经在不知不觉中成为好爸爸了。

比如,当老公带着孩子一起玩时,你就可以在一旁说:"哇,儿子跟你在一起太开心了,我都吃醋了!"也可以说:"儿子昨天跟我说,他特别崇拜爸爸,爸爸就是他心中的大英雄!"借助孩子来表达对老公的欣赏与崇拜,老公就会感受到自己对家庭、对孩子的重要性,认为自己做的都是特别有意义、有价值的事,以后就会越来越愿意陪伴孩子,注重对孩子的教育。

3. 注重家庭仪式感

仪式感对于家人之间亲密关系的维系和孩子的健康成长,都起着至关重要的作用。夫妻双方在结婚后前几年可能还比较注重仪式感,如为对方庆祝生日、与对方一起庆祝某个纪念日、每天出门前会拥抱等。但随着孩子的到来,两个人将心思几乎都用在了孩子的养育方面,家庭中的仪式感也越来越少,彼此间的感情也会因为各种琐事变得越来越淡。这种情况无论是对夫妻之间关系的维持,还是对孩子的成长,都是不利的。

所以,聪明的妈妈应该多注重家庭仪式感:每年的一些特殊日子不妨与家人一起庆祝一下;在老公上班前,主动邀请老公拥抱自

妈妈不焦虑 孩子更独立
—— "共情"比讲道理更管用

己;在老公下班后,和孩子一起迎接老公回来,与老公拥抱等。

　　这些虽然都是一些不起眼的小事儿,但生活不就是由这些小事儿组成的吗?这些简单的小仪式,恰恰能让老公感受到家庭的温暖、妻子的温柔、孩子的可爱,他也更愿意为这个家付出努力。更重要的是,孩子也能从中感受到爸爸妈妈的相爱,从而获得更大的安全感,养成乐观、积极的性格。

8.3 如何面对"糟心的老公"和"失望的小孩"

曾经有位妈妈打电话向我咨询,说自己9岁的女儿跟爸爸的关系很不好,爸爸动不动就批评、责骂女儿,女儿对爸爸很畏惧,经常被爸爸训哭。她也多次跟丈夫沟通,可他并不觉得自己有问题,还说:"我这是为她好,你看看她的学习,都散漫成什么样了?都是你惯的!"可她觉得,孩子学习有问题应该慢慢引导,光数落、责骂怎么能行呢?

两方面谁都协调不好,这位妈妈找到了我,问我到底应该怎么办。

我想应该有很多妈妈面临着这样的问题。其实要处理这样的问题并不难。我先问一下:"为什么爸爸会对孩子有那么多指责、批评呢?为什么孩子会对爸爸感到畏惧呢?"

原因就在妈妈身上。因为在家庭当中,妈妈是"定海神针",如果没有妈妈这个"定海神针",那么爸爸和孩子的关系就容易变得紧张。而且最重要的是,妈妈没有读懂丈夫想要的是什么,也没读懂孩子想要的是什么,全家人的关系就不会和谐。

妈妈不焦虑 孩子更独立
——"共情"比讲道理更管用

我们先来分析一下爸爸为什么总批评孩子、指责孩子。因为他没有看到孩子进步，这让他非常挫败，没有成就感。男人最想要的是什么？是权力、是成就感，还有他的面子。在家庭当中，如果他要的这些得不到满足，他就会认为是妻子和孩子的问题。但在妻子身上找不出毛病，就只能找孩子的毛病了。而孩子可能会多次挑战他的权威，他发现自己跟孩子说话没效果，孩子一直没有进步，所以就会更恼火。

对孩子来说，他需要的又是什么呢？是认可、夸奖和自我价值的实现。每个孩子都希望获得爸爸妈妈的认可和夸奖，并从中找到自己存在的价值。而爸爸每天给他的都是指责、打击，甚至是贬低，他又怎么能找到自我价值呢？既然如此，还不如破罐子破摔，所以表现也会越来越不好。

在弄清了爸爸和孩子表现出这些行为的原因之后，当我们面对"糟心的老公"和"失望的小孩"时，到底应该怎么做呢？我提供的方法很简单，就是他们需要什么，你平时多给一些就好了。

1. 当面夸奖老公和孩子，给予他们想要的成就感和价值感

在家庭中，老公想要成就感，那么你平时不妨多说些让他有成就感的话。比如，你告诉他："你知道吗？孩子今天在你的教导下，写作业比以前快了不少呢！"你也可以这样对老公说："今天女儿跟我说，她知道爸爸批评她都是为她好，她会认真改，如果爸爸再温柔一点儿就更好了！"

当你把这些成就呈现在老公面前，并告诉他他在其中起到了多

大的作用，对孩子的学习、成长发挥了什么样的效果时，老公的焦虑、失落心理就会得到改善。

孩子需要自我价值得到认同，那么你就多夸奖他。不论是生活细节、学习习惯，还是自理能力、穿衣打扮等，都可以从中找到夸奖的点。比如，当孩子自己整理房间时，你就可以这样说："你把房间整理得很整洁啊，真让妈妈省心！"当孩子自己洗衣服时，你就这样夸奖他："你能自己洗衣服啦，妈妈看到了真欣慰！"

从以前对老公不满、对孩子挑剔，到现在对他们进行夸奖、赞美，这个转变是非常重要的。在进行语言夸奖的同时，你还可以把孩子的表现记录下来，贴在墙上，让老公看到孩子的进步，也能让孩子时刻看到自己的进步。这对老公和孩子来说都是极大的鼓舞，使他们的成就感和自我价值感获得提升。

2. 当着第三者的面夸奖老公和孩子，给足老公和孩子面子

如果你在一段时间内尝试用这种方法，那么你会发现它比上一个方法的效果更明显。

比如，当着自己父母的面来夸奖老公，你可以说："妈妈你知道吗？××现在对我们儿子的学习特别上心，儿子在爸爸的指导下进步可大了！"或者当着自己朋友的面来夸老公："我们家××，对孩子学习特别上心，教育方法也越来越得当了！"这样就会让老公特别有面子和成就感。

对孩子也是如此，你可以说："××现在进步挺大的，这个月月

考又进步了！"你也可以说："××现在在家里能帮我做不少家务呢，把自己也照顾得特别好！"孩子听了这样的话，能不开心吗？为了证明妈妈说的这些都是真实的，他会越来越努力，自律性也会越来越强。

3. 在背地里夸老公和孩子，让老公和孩子感觉到你的真心实意

喜欢听人夸，这是人的天性，但当面夸和背后真诚地夸的效果是完全不同的。我常跟朋友们说，真正情商高的人都懂得在背后说别人好话，这体现出一个人的胸襟和气度。如果对方知道我们夸了他，那么将对彼此之间的关系产生非常好的助益效果。我们在背后夸人，通常是因为真正欣赏、喜欢、认可才会去夸。如果老公和孩子知道你在背后夸他们，那么他们将非常有成就感和价值感，表现也会越来越好。

对于我提到的这几种方法，有些妈妈可能会认为自己这样做对老公、对孩子都过于溺爱了，可能会惯坏他们。那么，我告诉你，你将溺爱与夸奖混淆了。溺爱是什么？溺爱是对对方的控制和过度保护，是对对方的不信任，甚至剥夺了对方的自尊。而夸奖是对对方行为的认可和欣赏，会促使对方继续强化这些行为，这与溺爱是完全不同的。

尤其对孩子来说，能获得父母的认可和夸奖，是非常大的鼓励。这对强化他们的自律性、构建他们的安全感和自尊心等，都非常重要。在孩子的自律性、自尊心、安全感构建起来后，无论他遇到任何问题，都能坚强面对。

8.4 家长不成熟，孩子怎么办

在成绩翻转训练营中，我经常见到一些家长，他们说话、做事都特别不成熟，就像小孩子一样。他们的孩子分为两种类型：一种就是特别成熟、懂事，与家长的身份几乎可以调换；另一种就是比家长更幼稚，心智年龄也特别低。

之前有一位家长问我："小渔老师，我们家孩子每天早晨不爱起床，起来要么就上网、打游戏，要么就玩手机，我说他他也不听，你有什么好办法帮帮我啊？"我就问她："你家孩子多大了呀？"她说："我家孩子39岁啊！"

还有一位家长问我："小渔老师，我快愁死了，你知道吗？我家孩子完全不会交际，跟谁都合不来。学习起来也像一个脱线装置，老师批评他他也无动于衷，我说他他也没反应，就完全活在自己的世界里，自己想干什么就干什么，这可怎么办啊？"我问她："孩子多大了呢？"她回答说："还差2个月就18岁了。"

这两位家长给我的印象特别深刻，因为她们跟我说话、聊天都

妈妈不焦虑 孩子更独立
——"共情"比讲道理更管用

非常像孩子。你如果问她们为什么会这样、有没有找找原因,她们只会回答:"我不知道哎!"你问她们打算如何处理,她们说:"我不知道啊,就只能由他去了……"第二位妈妈甚至说:"他处理不好人际关系就处理不好吧,反正我也处理不好,也没觉得怎么样……"

很显然,这些都不是一个成熟的家长对待孩子的态度。一个心智成熟的人,不管是对自己还是对他人,首先会有同理心,不只关注自己的感受,还会尝试去了解他人的感受。如果完全以自我为中心,不顾周围的一切,这种情况在心理学上叫作退缩型人格,也就是一种心理上的退行,能退到什么位置呢?有的人能退到孩童的位置上。用这样的态度去培养孩子,必然会出现各种问题,如家长与孩子之间缺乏界限感,对孩子缺乏耐心、过分指责,容易与孩子发生冲突。

那么,这类家长应该怎样做,才能让自己像真正成熟的家长那样用恰当的方式来教育孩子呢?

1. 把孩子的任务还给孩子

孩子在不同的成长阶段会想要尝试各种事物,如从3岁开始想要自己吃饭、自己穿衣服、自己穿鞋子,有些家长就觉得孩子做不好,所以不给孩子尝试的机会。到五六岁时,孩子想自己交朋友,家长又觉得这个孩子不好、那个孩子不行,不允许自己的孩子跟对方玩,慢慢地孩子连朋友都懒得交了。

这些家长之所以这样做,通常是因为他们自己还不够成熟,也不清楚孩子是如何长大、如何成熟的。他们事事替孩子做好，事事为孩子决定，结果呢？孩子成了事事依赖家长的"寄生虫"，长大后只会成为"巨婴"或"妈宝"。

如果你不想让这种情况出现在自己孩子身上，那么你应将本该属于孩子的任务都还给孩子。当孩子想自己吃饭、自己穿衣、自己学习、自己交友时，你应鼓励他勇敢地去尝试，你只需在一旁保护他，在必要时协助他即可。

我们把生活中这些小小的任务都还给孩子，让孩子慢慢学会对自己的事情负责，未来他才会承担起更大的责任，对自己的学习、生活、事业负责。

2. 学会享受孩子带来的幸福感

很多家长觉得养育孩子实在太累了，对孩子这个天使的到来表现出来的完全不是享受的状态，而是一种被折磨的状态。

实际上，所有人带孩子都感觉累，因为没有一个孩子来到世界上是不需要被照顾的，或者是不需要教养就能轻而易举成功的。既然改变不了这种成长发展的规律，那么我们为什么不试着改变一下自己的心态和思维认知呢？如果我们把养育孩子的经历当成一种享受，那么结果会不会不同呢？

我认识一位老师，他是一位非常智慧的爸爸，他在培养孩子的过程中，让孩子从小到大给自己打洗脚水。哪怕孩子长大了、读高三了，还会让他帮自己打洗脚水。而这位爸爸经常在孩子面前说：

妈妈不焦虑 孩子更独立
—— "共情"比讲道理更管用

"儿子，你知道吗？每当看到你帮我打洗脚水时，我就觉得特别幸福。能做你的爸爸，是天下最幸福的事！"每当他这样说时，孩子的脸上都会露出幸福的微笑。

学习和责任感，对孩子来说，哪个更重要呢？很多家长可能会觉得学习更重要，但没有责任感做前提，学习再好又有何用呢？如果孩子平时只顾学习，其他什么都不会做，缺乏责任心，那么在长大走上社会后，他可能连自己的生活都过不好，又何谈成就呢？

与其如此，不如多为孩子创造一些机会，让他来为你做些事。你就做一个甘于享受的人，然后向孩子表达出你的心情、你的感受等。这不但能强化孩子的责任心，还能让孩子从中体会到更多的幸福。

以我自己为例，我妈妈就经常跟我说："女儿呀，我和你爸爸常常说，能生出你这样的女儿真是挺幸运的，你从没让我们操心太多，在工作和生活上都让我们很放心，我和你爸爸打心眼儿里高兴。"

听到妈妈这样跟我说，我感觉很幸福，觉得自己为父母做什么都是值得的。那种发自内心的喜悦，真的无以言表！

这也提醒爸爸妈妈们，如果你不想当小孩、用这种方式去治愈自己的童年，那么就尽情地去享受孩子给你带来的美好感觉，不要对孩子太"见外"，什么事都替他做了，适当分给孩子一些事情做，然后对着孩子感慨一番："能有你这样的孩子，我真是太幸运了！"这样孩子才会真正感受到爸爸妈妈对他的关注、重视，感受到爸爸妈妈对他的爱。

8.5 收获甜蜜家庭关系的秘诀

在我的训练营当中,学员以妈妈居多,很多妈妈会跟我反映一些家庭问题。比如,有的妈妈抱怨自己婚后的日子过得越来越平淡、冷清,一天到晚跟老公也说不上几句话。有时好不容易一家人坐在一起吃晚饭,结果好像除了聊孩子,就没别的可聊了,感觉特别没劲!

还有的妈妈说,婚前老公对自己宠爱有加,要风给风,要雨送雨,现在呢?下班一回到家就玩手机、玩游戏,连陪孩子的时间都很少。有时抱怨他几句,他脾气还挺大,说自己工作一天很累,回家就想休息一会儿。感觉似乎全是自己没事找事,怎么婚前婚后的变化这么大呢?

……

俗话说,家家都有难念的经。不论表面看起来多完美、多幸福的家庭,都会存在这样或那样的问题。但是,这并不表示我们就此认命,认为生活就是这个样子的,不再努力了,不再争取了。

妈妈不焦虑 孩子更独立
——"共情"比讲道理更管用

良好的家庭关系不仅能增进夫妻双方的感情，对孩子的成长与身心健康也至关重要。一个生活在家庭成员之间相互尊重、相互理解、彼此爱护、及时回应的家庭中的孩子，往往更愿意与家长分享自己的喜怒哀乐，内心也会更阳光、乐观、自信。

但是，面对冷冰冰或动不动就怒气冲冲的另一半，我们应该怎么做才能让家庭关系更和谐、融洽呢？我认为你要从以下几方面努力。

1. 让自己成为一个真正独立的人

虽然现在男女的社会地位越来越趋于平等，但仍有一部分女性抱着"嫁鸡随鸡，嫁狗随狗"的心态，唯丈夫和孩子马首是瞻，以丈夫和孩子为生活的重心，自己完全沦为了丈夫和孩子的附属品。

对于这类女性的生活方式，我是极力反对的。这并没有反对传统，但相对于这种依附于他人的生活方式，我更希望女性能保持自己的独立，你要让自己首先是一个独立的人，其次才是妻子、母亲。

我很欣赏一些西方女性，她们非常独立，而且很有自己的个性，追求生活上的男女平等。我有一位亲属嫁到了澳大利亚，她与她丈夫的关系就很有趣。平时两个人都要上班，孩子要上学，在家务方面和在孩子的教育方面，两个人有比较明确的分工。

我们或许不会与丈夫将家务、孩子的教育问题等分得那么清晰、细致，但你在心理上要让自己独立起来，不要把自己当成任何人的附属品。哪怕你是一位全职妈妈,也要挺直腰杆,让丈夫和孩子看到你为家庭付出的努力、做出的贡献,这样丈夫才不会轻视你,孩子才会更加尊重你。

2. 适当降低自己对对方的期待

我曾经接待过一位来访者,一开口就跟我抱怨丈夫如何不好,不上进、不顾家,对自己不够疼爱,别的男人经常给妻子买进口化妆品、名牌衣服和首饰,他就不买。还说丈夫对孩子的教育也不重视,平时就带着孩子玩……

我耐心地听她讲完,然后告诉她,其实解决问题的方法并不难,关键就在于你自己。如果你能降低对丈夫的期待,很多问题就会迎刃而解。你回想一下,当初你们恋爱时,是不是这些问题也存在呢?那么为什么当时能够接受,现在就接受不了了呢?

一些人经常把丈夫或妻子对自己的好当成是理所当然的,如果不对自己好就天理难容。但是,世界上没有什么是理所当然的。夫妻之间其实是一种合伙人关系,你能要求合伙人无条件地对你好、满足你的一切要求吗?很难做到。

与其如此,不如适当降低对对方的期待,多从对方的角度思考问题,多看到对方的优点,包容对方的不足,这样你的心态、情绪才会更平和。你的这种平和的心态和情绪会直接影响到孩子,让孩子也能以一种平等的姿态与他人相处,而不会事事都要以自我为中心。

3. 抓住表象背后的本质

曾经有一位老师给我发来一个视频，视频中一个孩子正在教室里大喊大闹。闹到什么程度呢？他对着桌椅又踢又踹，双手不停地使劲拍着桌子，嘴里还喊叫着："不是我！不是我……"

这位老师跟我诉苦："小渔老师，我简直要疯掉了，怎么办？我说什么他都不听！"

我了解了一下情况，原来是有同学跟老师告状，说这个孩子拿了自己的彩色橡皮，于是老师就来问他。可这个孩子怎么都不承认，老师就批评了他几句，结果这个孩子就受不了了。

我就跟这位老师说："其实很简单，你冤枉他了，那么就直接告诉他，你对不起他，让他受委屈了。"

过了一会儿，我再次接到这位老师的电话，他说："小渔老师，你的方法太神奇了！我把你告诉我的话说给他听，他一下子就哭了，之前那些攻击性行为也马上都停止了！"

你认为神奇吗？其实一点儿都不神奇。很多人看问题只看到问题的表象，却没有去思考一下这些表象背后的本质。家庭生活也是如此。当你看到丈夫情绪大、爱发脾气时，可能觉得他的做法不对，但这些表现的背后也许是他正在承受着巨大的工作压力；你看到妻子动不动就生气、闹情绪，可能觉得她无理取闹，其实背后也许是因为她觉得你忽略她了，很想获得你的关心。

如果我们能够抓住这些表象背后的本质，再处理家庭问题就简单多了。在我们找到合适的方法来解决生活中的这些问题之后，夫妻之间的感情会更融洽，幸福指数也会随之提高，整个生活节奏也会变得美好而舒适。

所以，当我们能通过一些表面现象抓住对方的真正需求点，而不仅仅看表象时，我们就会发现，经营好家庭，教育好孩子，并不是难事。孩子在这样的家庭中生活，就能慢慢学会处理自己的人际关系。当面对各种问题时，他也会去思考这些问题背后的原因和最恰当的解决方法。将来无论是在学业方面，还是在事业方面，孩子都会是一个非常优秀的人。

后记

唤醒孩子的真实感受

德国著名哲学家卡尔·西奥多·雅斯贝尔斯指出，教育的本质是一棵树摇动另一棵树，一朵云推动另一朵云，一个灵魂唤醒另一个灵魂。

很多妈妈觉得我每天都在教育孩子，可为什么还是不见成效？大家的教育方式是什么样的？是讲道理，是发脾气，还是刻意感动？当我们把这些方法都用过了，可还是没有效果。这时候大多数妈妈会使出"杀手锏"，在情急之下斥责、打骂孩子，结果亲子之间的矛盾越来越大。

曾经有一位妈妈这样向我抱怨："小渔老师，我家孩子现在管也不是，不管也不是，我到底应该怎么办啊？"自从从事教育工作以来，我觉得真正的教育不是你什么都去管，也不是你什么都不管。真正的教育是放松而不是放纵。你要了解在放松与放纵之间，还有一个关键词——唤醒。你要学会唤醒孩子内心最真实的感受！

每个孩子的内心都有自己最真实的感受，任何斥责和打骂都会封存他的真实感受，而大人得到的回馈只有叛逆和焦虑。聪明的妈妈会怎么做呢？聪明的妈妈对孩子的教育从来都不是强制的，也不是生硬的，他们会用潜移默化的共情能力唤醒孩子内心的真实需求。

著名作家林清玄说："好孩子是被唤醒了内心的种子。"把放纵的灵魂唤醒，才能变成真正的放松。无论是妈妈，还是爸爸，我们都要用自己的一言一行去唤醒孩子内心那粒幼小的种子，了解他内心真实的感受，用共情来感化他、影响他，让这粒种子慢慢生根发芽，顺其自然地长大。

最后我要感谢所有参与此书创作的工作者，特别感谢电子工业出版社的策划团队、三言智创（北京）文化传播有限公司的创作团队，正是因为有你们，此书才得以顺利出版，我才与广大读者建立了深厚的情感。至此谨祝，每个家庭都安好，每个家庭都是晴天！

于珈懿

2020年6月24日

学员感悟

1

我是一名临床医生，从医20余年。因为亲子关系问题，在一个偶然的机会与小渔老师结缘，并被小渔老师的大爱和个人魅力深深吸引，一路跟随学习。

小渔老师是一个非常有大爱的人，她爱世界上的每一个孩子。我感觉自己像捡到宝贝一样，觉得认识小渔老师是我今生最大的幸运！

通过观察孩子的动作或行为，小到眨眼、多动、注意力不集中，大到厌学、辍学、网瘾、学习偏科等，小渔老师都能从人性的角度进行深刻的剖析，并给出简单又实用的方法，为家长答疑解惑！

比如，在生活中，我不太会拒绝人，更不会拒绝孩子，所以有时候会让自己活得很累。当我实在不愿意的时候，没有用一种柔软的沟通方式与女儿沟通，女儿就会很生气，说我不爱她，我以为拒绝需要用很大的力气去和她沟通。

学员感悟

但是，小渔老师从人性和哲学的角度去讲拒绝孩子。孩子通过你的拒绝，才能逐渐学会去拒绝别人，才能独立地生存在这个世界上，才能有独立的思想、独立的认识、独立的判断、独立的标准和独立的活法。

相信大家在看了小渔老师的书后，会觉得其实拒绝别人没有那么难，而且很轻松！

这是一本既充满哲理又非常实用的书，我诚挚地向各位宝爸、宝妈推荐这本书。我相信这本书一定不会让你们失望，甚至对你们的工作、人际关系都会有很大的帮助。

2

我是小渔老师开办的亲子训练营的学员，目前是一名大学老师，有两个可爱的儿子。我在今年3月底认识小渔老师，并加入了她的亲子训练营。我在听完一节课后，立马就被小渔老师的智慧和独特的个人魅力深深吸引和折服。小渔老师有着深厚的心理学专业基础，同时又博学多才，在亲子课程中整合了哲学、心理学、教育学等领域的知识，又融入中国传统儒家、道家的思想，不仅教家长如何教育好孩子，还让家长通过亲子问题反观自己，让家长的心灵获得成长。

对于一个个令家长感到棘手甚至痛苦的教育问题，如孩子厌学、辍学、拖延、自律性差、不独立、不自信等，小渔老师总是以独特的视角刷新我们的旧有认知与传统理念，带着我们从更高维的视角透过现象看本质，从儿童、青少年身心发展规律中了解孩子行为问题背后的真实需求，从家庭、社会、家长自身等方面找到孩子出现问题的根本原因，从而对症下药。小渔老师在剖析问题、分析原因、总结规律之后，还会手把手地教我们简单有效的话术，以及解决问题的方法，家长们一学就会用。

小渔老师有着无私的大爱，她始终秉持"情感养育"的教育理念，传道布施，让父母学会做情感的养育者、情感的给予者和情感的链接者，希望能让所有的孩子都自由地绽放出天性。

这本书是小渔老师亲子教育智慧的结晶，干货满满，推荐所有的家长都来读一读。读完你会更懂孩子，也更了解自己，还会有种豁然开朗的感觉。相信这本书一定能给你带来意想不到的收获！

3

聪明的妈妈经常会问孩子：

"你的需求是什么？

"你想要什么？

"你最近喜欢什么？

学员感悟

"你最想要解决的问题是什么？"

这样孩子就会向内开始探索，不会活在迷茫、焦虑、困惑之中。

——小渔老师曾经在亲子训练营中告诉迷茫的妈妈

我是一个12岁孩子的妈妈，跟随小渔老师学习亲子课程有大半年的时间了，是小渔老师的教育理念帮我改善了亲子关系，从开始的剑拔弩张、火药味十足，孩子渐渐抗拒和远离我，变成了阳光和煦，每天都可以跟孩子深情相拥，有说不完的话题……

不知道从什么时候开始，社会和家庭都开始让孩子超前去掌握知识，近乎疯狂地给孩子灌输知识，尤其是父母无比焦虑地担心着孩子的未来，让孩子从小就生活在强大的竞争和压力下。但是，这种做法忽视了孩子的心灵成长、情感养育，不关心孩子们的心田里是否郁郁葱葱，不去种一棵树、一棵苗，任由心灵成为荒漠……

我们今天的父母舍得给孩子买昂贵的衣服，花重金让孩子学习各种技能，报大量辅导班，却不愿意花时间学习如何成为一个合格的父亲或母亲。

我们的孩子幸福吗？我们的孩子有属于自己的童年吗？为什么那么多孩子选择跳楼自杀或者虐待自己来逃避这个世界？世界如此美好，为什么不能让孩子好好享受人生呢？

小渔老师的书，不是教你如何管教孩子，不是教你如何让孩子成为学霸，而是带你开启自我觉醒的大门，给你一把打开自己心扉

妈妈不焦虑 孩子更独立
——"共情"比讲道理更管用

的钥匙，你会发现你的人生豁然开朗，你的亲子关系、夫妻关系、婆媳关系、朋友关系、同事关系……你与整个世界的关系都因为你成为一个真正的父亲或母亲，而发生了翻天覆地的变化！

4

"太好了！"

参加小渔老师的"亲子训练营"给我最大的感受就是这三个字——"太好了"。

我是一名从教20年的小学老师，也是一个11岁孩子的爸爸。以前在教育学生和自己的孩子上，总以为自己是很成功的。因为我有一双孙悟空般的"火眼金睛"，不管是学生还是自己的孩子，在我的面前都会"中规中矩"。我一直秉承这样的教育理念：学生或孩子犯错时，就是最佳的教育时机！所以，在日常的教育和生活中，我把我的"火眼金睛"发挥到了极致，抓妖除魔，乐此不疲。直到发现孩子越来越不自信、写作业越来越拖延时，我才开始惊醒，并思考哪里出了问题。

在一次偶然的机会，在好友的推荐下，我走进了小渔老师的"亲子训练营"，每天听小渔老师的微课，我的"三观"一次次地被颠覆！渐渐地我发现，我的整个思想，甚至身体里的每个细胞，都在发生着细微的变化：我的心变大了，情绪变平和了，家庭的气氛也越来越和谐了。

我随便摘录几句小渔老师的名言吧！

"在家庭生活中，不要论对错，关系比事实更重要，赢了对错，输了关系，那么一切等于零"，这句话让我更懂得亲情的重要！

"在这个世界上，你心里装着多少人，老天爷就会给你多少智慧；你心里装着对错，老天爷就会给你狭窄的心胸和眼界"，这句话让我明白了自己在事业和亲子教育上进展困难的原因，让我在未来的日子里坚定了方向！

"凡事发生都有三种以上的解决方案，凡事发生都是来成就我的"，这句话让我在面临诸多的问题和困难时能放平心态，勇敢面对，勇于承担。

虽然小渔老师的微课我才听了两个月，但我发现自己整个人都发生了巨大变化，我更加明白人生的真正意义，原来人生处处都充满了恩典！

感恩小渔老师，是您点亮了我智慧的心灯，让我的人生从此有了正确的方向。我愿意继续努力学习，不断成长，也能像小渔老师一样，照亮更多人前行的路，点亮更多孩子智慧的心灯！

5

我是小渔老师"亲子训练营"的老学员，也是一名家里家外都

妈妈不焦虑 孩子更独立
—— "共情"比讲道理更管用

非常能干的博士宝妈，可唯独培养孩子这个问题让我伤透了脑筋，每天与我8岁的女儿斗智斗勇，时常感到束手无策甚至崩溃无助。直到我幸运地走进了小渔老师的亲子课堂，我才深深地感受到，当妈妈不仅是一门需要系统学习的学问，是一门爱的艺术，更是一条自我修行的道路。通过学习小渔老师的亲子课程，我了解了孩子身心成长的发展规律，破解了孩子语言和行为背后的真实需求，懂得了孩子种种行为现象的根本原因，也知道了如何去引导孩子面对困难、解决问题，如何培养孩子的格局、胸怀、思维、智慧与能力，更学会了如何在教育中找到爱与自由的平衡。

自从跟随小渔老师学习以来，我惊喜地发现，自己不仅在教育孩子上更得心应手，而且我的家庭关系和我自身的成长也发生了巨大改变。我的自我意识在不断扩张，我不断地在打破自己的旧有思维，自己的智慧得到了提升，对周围的一切也不知不觉地多了一些宽容、喜悦与感恩。在自己改变后，我发现整个世界仿佛变得更美好了！我逐渐感受到，养育孩子，实则是一个让自己重活一遍的过程，是一个自我教育、自我成长的过程，而这个过程，因为有了明师的指引，让我找对了方向、找到了方法，从而实现了加速的自我蜕变，和孩子一起享受生命之花的绽放。

走进小渔老师的亲子课堂，是我最大的幸运，非常开心小渔老师能将她在亲子教育领域中累积多年的智慧编纂成书，将极宝贵的亲子理念、知识与方法传播出去，用智慧之光点亮更多的家庭，照亮孩子未来前进的道路。感恩亲爱的小渔老师！祝福天下所有的家庭幸福美满，所有的宝贝健康快乐成长！

6

我是一名负责行政工作的公务员，也是两个孩子的妈妈。在一个偶然的机会，我听到了小渔老师的分享课，继而找到老师学习了"亲子训练营"的课程，从此一发不可收拾，走上了身、心、灵的学习之路。

小渔老师既是我的良师，也是我的益友，是那个最懂我的人。每天清晨，伴着老师温暖而欢快的声音，开始了一天的忙碌，老师的声音如潺潺流水一般，沁入心脾，直击灵魂深处，让潜意识不断地得到清理，焕发了新的生机。跟着小渔老师学习，不仅让我收获了和谐的亲子关系、夫妻关系，也让我的个人能力得到了很大提升。老师每天的谆谆教导让我的心变得柔软、宽广，让我学会了感恩、臣服，也让我找回了感知爱的能力。自己每天不由自主地就会感到愉悦和轻松，遇事也不像以前那样容易偏激和执拗，而是变得更加灵活。我再也不会认为解决问题的办法只有一种，而是从多角度看待事情，将情绪和事情剥离开，能够客观地看待事情的本质，而不是夹杂着情绪处理事情。小渔老师的书让我爱不释手，感恩小渔老师的大爱付出。我相信这本书能够让父母学会理解孩子、懂孩子，学会处理亲子关系、家庭关系，让更多的家庭越来越幸福，让更多的孩子越来越快乐。